智能生产车间协同调度

——网络化制造环境

董 海 著

北 京

冶 金 工 业 出 版 社

2023

内 容 提 要

本书共分 8 章，主要内容包括网络化制造概论、车间调度集成优化相关理论、双资源约束下工艺规划与车间调度集成优化问题建模、多目标启发式算法求解、滤波波束搜索算法设计、多目标置换智能车间调度、云制造模式下智能车间调度模型、面向云制造的跨企业智能车间协同制造调度。

本书可供从事网络化制造及生产运营管理技术研究和开发的工程技术人员阅读，也可供高等院校管理科学与工程、工业工程、物流工程和工程管理等专业的师生学习与参考。

图书在版编目（CIP）数据

智能生产车间协同调度：网络化制造环境/董海著 . —北京：冶金工业出版社，2023. 10

ISBN 978-7-5024-9602-9

Ⅰ. ①智…　Ⅱ. ①董…　Ⅲ. ①智能技术—应用—生产作业—车间调度　Ⅳ. ①F406. 2-39

中国国家版本馆 CIP 数据核字（2023）第 156595 号

智能生产车间协同调度——网络化制造环境

出版发行	冶金工业出版社	电　　话	(010)64027926
地　　址	北京市东城区嵩祝院北巷 39 号	邮　　编	100009
网　　址	www. mip1953. com	电子信箱	service@ mip1953. com

责任编辑　郭冬艳　美术编辑　吕欣童　版式设计　郑小利
责任校对　梅雨晴　责任印制　禹　蕊
三河市双峰印刷装订有限公司印刷
2023 年 10 月第 1 版，2023 年 10 月第 1 次印刷
710mm×1000mm　1/16；9 印张；174 千字；133 页

定价 66. 00 元

投稿电话　（010）64027932　投稿信箱　tougao@ cnmip. com. cn
营销中心电话　（010）64044283
冶金工业出版社天猫旗舰店　yjgycbs. tmall. com
（本书如有印装质量问题，本社营销中心负责退换）

前　　言

网络化制造是在网络技术和经济全球化发生深刻变革的背景下产生和发展起来的一种先进制造模式，涉及智能制造、网络、信息、自动化、电子等多个领域的综合学科，其理论是在协同论、系统论、信息论、分形论等相关理论基础上发展起来的，其模式体现了分布和集中的统一、自治与协同的统一、混沌和有序的统一。

本书基于智能车间调度的优化思路，构建置换流水车间的调度方案。综合考虑机器等待时间、工件等待时间的不确定性，建立同时交货日期误差和中间库存的多目标混合线性整数模型。针对混合线性整数模型的不确定参数，引入启发式方法。在构造启发式方法的初始猜测过程中，考虑了9种不同的调度规则，并从中确定不确定参数的最优值。在算法求解方面，本书提出回溯搜索、NSGAⅢ、天牛须搜索和滤波波束搜索等算法；根据主次分段式多目标求解法建立多目标模型。将上述算法应用于主次分段式多目标求解模型中，针对云制造模式下柔性车间调度的优化问题，提出企业间自生产任务和外协云任务的智能调度模型及跨企业调度模型，研究其调度过程中的动态调整优化。本书主要从以下几个方面进行了阐述。

（1）网络化制造概论：介绍网络化制造的基本概念、网络化制造的基本内涵、网络化制造系统的结构和功能、网络化制造资源集成、网络化制造的关键技术、网络化制造的研究现状及发展趋势、面向产品全生命周期的网络化集成制造系统等。

（2）车间调度集成优化相关理论：研究基于多目标优化的考虑机器柔性和工人柔性的双资源约束下车间调度问题，建立其相关目标函数和约束条件，提出工艺规划中的工序顺序柔性和加工路径柔性及其表达式，介绍NSGAⅡ和NSGAⅢ两种现有的多目标启发式优化算法，研究基于该两种算法的非支配排序方法和拥挤距离与基于参考点的选择方法，给出评价多目标优化算法所得解集的常用指标。

（3）双资源约束下工艺规划与车间调度集成优化问题建模：采用

一种基于 AND-OR 节点图方法描述工艺规划中的关键柔性，建立基于双资源下工艺规划与车间调度集成优化的数学模型，以最小化最大完成时间、总耗能和工人工时方差为目标的函数，处理工艺规划中的工序顺序柔性，加工路径柔性与车间调度中机器和工人柔性安排。

(4) 多目标启发式算法求解：采用 *AND-OR* 图对各节点子路径的工艺进行规划，并对机器选择、工人指派和调度中的加工顺序进行编码，提出编码对应的初始化机制、交叉算子和变异算子。结合入侵肿瘤生长优化算法和 NSGA Ⅲ，提出一种多目标入侵肿瘤生长优化算法；结合回溯搜索算法和 NSGA Ⅲ 算法，提出一种多目标回溯搜索算法，创建复杂度不同的数值实例，采用 MOITGO 和 MOBSA 对其求解，验证算法的有效性和优越性。

(5) 滤波波束搜索算法设计：介绍滤波波束搜索算法基本思想，采用搜索树定义解决方案空间、确定波束宽度和滤波宽度、分支方案和本地及全局评估功能选择四个方面特征，并对调度方案进行过滤筛选，研究算法的基本思路，设计算法流程，通过实例分析验证滤波波束搜索算法的有效性。

(6) 多目标置换智能车间调度：构建针对该问题的多目标整数线性规划模型，采用 Matlab 方法，将滤波波束搜索算法与其他智能优化算法在 Reeves 和 Taillard 实例上进行比较，通过仿真实例将滤波波束搜索算法与其他算法在最优解偏差百分比、平均错误率和改进百分比三个指标进行对比，验证滤波波束搜索算法在求解多目标置换智能车间调度问题的高效性和稳定性。

(7) 云制造模式下智能车间调度模型：介绍基于变邻域搜索的动态烟花算法的基本内涵，提出最小化最大完工时间的最低碳排放为指标的多目标柔性车间调度模型，设计变邻域动态烟花算法，为增加算法性能引入三种邻域结构，进行对比仿真实验，验证该算法在云制造模式下智能车间调度方面的有效性。

(8) 面向云制造的跨企业智能车间协同制造调度：针对云制造环境下跨企业协同生产调度的算法框架、涉及因素及复杂的计算环节进行分析，通过调度实例进行分析，验证基于变邻域搜索的动态烟花算法在掌握调度任务的总体态势，解决生产过程中出现资源瓶颈等突发问题的有效性，为制造过程中任务分流、生产节拍制定等细节问题提供数据支撑，便于供应链上多家企业随时掌握跨企业协同调度任务的各层别实时状况。

本书在编写过程中参考和借鉴了一些国内外的相关资料，在引用中对其做了一定的修改，在此谨向有关作者表示深深的谢意！本书内容涉及的研究得到了国家自然科学基金项目（71672117），中央引导地方科技发展资金计划项目（2021JH6/10500149）、辽宁省重点研发计划指导计划项目（2019JH8/10100056）的资助。感谢沈阳工业制造系统工程重点实验室全体师生对本书出版给予的大力支持，感谢沈阳工业大学机械工程学院研究生董一萱。沈阳大学机械工程学院研究生徐晓鹏、王瀚鹏、戴瑶、郭煜峰、张晨等同学为本书的出版提供部分的参考资料和学术文献。

由于网络化制造环境下智能车间调度技术涉及面较广，本书中还有许多内容尚需深入细致的研究，加之作者水平所限，书中不妥之处，敬请广大读者批评指正。

作　者

2023 年 4 月于沈阳

目　　录

1　网络化制造概论 ………………………………………………… 1

1.1　网络化制造的基本概念 …………………………………… 1

1.2　网络化制造的基本内涵 …………………………………… 3

1.3　网络化制造系统的结构和功能 …………………………… 4

1.4　网络化制造资源集成 ……………………………………… 7

1.5　网络化制造的关键技术 …………………………………… 9

1.6　网络化制造的研究现状及发展趋势 ……………………… 11

1.7　网络化集成制造系统 ……………………………………… 14

2　车间调度集成优化相关理论 ………………………………… 18

2.1　多目标优化问题 …………………………………………… 18

2.2　传统柔性作业车间调度问题 ……………………………… 19

　　2.2.1　问题描述 …………………………………………… 19

　　2.2.2　符号定义 …………………………………………… 20

　　2.2.3　目标函数 …………………………………………… 20

　　2.2.4　约束条件 …………………………………………… 22

2.3　双资源约束下柔性作业车间调度问题 …………………… 22

　　2.3.1　双资源约束下柔性作业车间调度研究现状 ……… 22

　　2.3.2　问题描述 …………………………………………… 24

　　2.3.3　符号定义 …………………………………………… 25

　　2.3.4　数学模型 …………………………………………… 25

2.4　工艺规划中的关键柔性 …………………………………… 26

2.5　现有多目标优化算法 ……………………………………… 28

　　2.5.1　NSGA Ⅱ 算法 ……………………………………… 28

　　2.5.2　NSGA Ⅲ 算法 ……………………………………… 28

2.6　解集对比的常用指标 ……………………………………… 30

　　2.6.1　超体积 ……………………………………………… 30

　　2.6.2　分布度和延展度 …………………………………… 31

3 双资源约束下工艺规划与车间调度集成优化问题建模 ········· 32

  3.1 *AND-OR* 节点图 ······································ 32

  3.2 双资源约束下协同优化建模 ·························· 35

    3.2.1 问题描述 ··· 35

    3.2.2 符号定义 ··· 36

    3.2.3 数学模型 ··· 37

4 多目标启发式算法求解 ································· 40

  4.1 双资源约束下工艺规划与车间调度集成优化问题编码 ····· 40

    4.1.1 整数编码方案 ····································· 40

    4.1.2 初始化机制 ······································· 41

    4.1.3 交叉和变异算子 ··································· 41

  4.2 多目标入侵肿瘤生长优化算法 ······················ 42

    4.2.1 入侵肿瘤生长优化算法 ··························· 42

    4.2.2 算法改进 ··· 42

  4.3 多目标回溯搜索算法 ······························ 45

    4.3.1 回溯搜索算法 ····································· 45

    4.3.2 精英化历史种群 ··································· 45

    4.3.3 离散化变异交叉过程 ····························· 46

    4.3.4 选择Ⅱ的改进 ···································· 46

  4.4 数值实例测试 ···································· 47

    4.4.1 建立数值实例 ····································· 47

    4.4.2 求解数值实例 ····································· 50

  4.5 案例描述 ······································· 55

  4.6 调度方案 ······································· 64

5 滤波波束搜索算法设计 ································· 70

  5.1 滤波波束搜索算法的产生和发展 ···················· 70

  5.2 滤波波束搜索算法的算法流程 ······················ 72

    5.2.1 滤波波束搜索算法准备 ··························· 72

    5.2.2 滤波波束搜索算法基本步骤 ······················· 73

    5.2.3 基于 NEH 算法的种群初始化 ····················· 75

    5.2.4 复杂度分析 ······································· 76

    5.2.5 精英选择策略 ····································· 76

5.2.6　本地搜索 ··· 77

5.2.7　竞争性共同进化方案 ······························ 78

5.2.8　种群进化方案 ······································· 78

5.2.9　改进算法描述 ······································· 79

5.3　滤波波束搜索算法实例分析 ······························ 81

6　多目标置换智能车间调度 ···································· 84

6.1　问题描述和模型构建 ···································· 84

6.2　仿真实验 ·· 86

6.2.1　实验设置 ··· 86

6.2.2　参数设置 ··· 87

6.2.3　算法比较 ··· 87

7　云制造模式下智能车间调度模型 ······························ 99

7.1　云制造相关理论 ·· 99

7.1.1　云制造概念 ··· 99

7.1.2　云制造车间调度 ······································ 99

7.2　协同制造 ·· 100

7.2.1　协同制造的概念及优势 ······························ 100

7.2.2　协同制造的层次及发展 ······························ 100

7.3　烟花算法 ·· 101

7.3.1　烟花算法的概念及特点 ······························ 101

7.3.2　变邻域动态烟花算法 ·································· 102

7.4　天牛须搜索算法 ·· 103

7.4.1　天牛须搜索算法及原理 ······························ 103

7.4.2　天牛须搜索算法的设计 ······························ 103

7.5　问题描述 ·· 104

7.5.1　云制造模式下智能车间调度模型描述 ················ 104

7.5.2　云制造调度模型建立 ·································· 105

7.5.3　目标函数的确定 ······································ 105

7.6　模型约束 ·· 106

7.7　模型求解 ·· 107

7.8　实验仿真与结果分析 ······································ 109

7.8.1　实验环境 ··· 109

7.8.2　实验结果 ··· 110

8　面向云制造的跨企业智能车间协同制造调度 ·············· 112

8.1　跨企业智能车间协同制造调度模型描述 ················ 112

8.2　目标函数 ·· 112

　8.2.1　资源闲置率最小 ······························· 113

　8.2.2　总制造成本最低 ······························· 113

　8.2.3　客户满意度最高 ······························· 114

8.3　约束模型 ·· 115

8.4　模型求解 ·· 116

　8.4.1　天牛须搜索算法 ······························· 116

　8.4.2　基于学习与竞技策略的混沌天牛须搜索算法（LCCBSA） ········ 117

8.5　模拟实验 ·· 120

8.6　实例验证 ·· 125

8.7　结果分析 ·· 128

参考文献 ·· 130

1 网络化制造概论

智能制造是一个不断演进发展的概念，智能制造有数字化制造、数字化网络化制造、数字化网络化智能化制造[1]三个基本范式。随着经济全球化进程的加快，企业面临更加激烈的市场竞争，用户需求越来越个性化和多样化，从根本上改变了市场竞争格局，企业经营开始转向全球视角，组建网络联盟企业，实现网络化制造。网络化制造有利于实现企业内外的信息化集成，从而实现企业间的协同和各种资源的集成，提高企业的市场反应速度，进而高速度、高质量、低成本的提供市场所需产品和服务。

同其他先进制造模式的产生和应用背景一样，网络化制造这种先进制造模式的产生也是需求与技术双轮驱动的结果。需求是网络化制造模式产生和应用的基础，技术是网络化制造模式使能条件。而网络化制造的技术驱动力首先来源于企业生产经营中心的转变，随着市场竞争的日益激烈，企业生产经营中心经历了以生产为中心、以产品为中心到以客户为中心的转变过程。

网络化制造系统是企业在网络化制造模式的指导思想、相关理论和方法指导下，在网络化集成平台和软件工具的支持下，结合企业的具体业务需求，设计实施的基于网络的制造系统，其中供应链管理系统就是其一个子系统。网络化制造平台下的供应链管理系统以数字化、柔性化、敏捷化为基本特征。柔性化与敏捷化是快速响应客户化需求的前提，表现为结构上的快速重组、性能上的快速响应、过程中的并行性与分布式决策。这意味着供应链系统必须具有动态易变性，能通过快速重组，快速响应市场需求的变化。因此，供应链系统的优化与控制的研究直接影响企业的竞争力，其优化程度可以反映供应链的核心能力，体现供应链整合社会资源，创新管理的综合能力[2]。

1.1 网络化制造的基本概念

网络化制造是企业为应对现代制造全球化的挑战，实施的以快速响应市场需求和提高企业（企业群体）竞争力为主要目标的一种先进制造模式。通过采用先进的网络技术、制造技术及其他相关技术，构建面向企业特定需求的基于网络的制造系统，并在系统支持下，突破空间地域对企业生产经营范围和方式的约束，开展覆盖产品整个生命周期全部或部分环节的企业业务活动（如产品设计、制造、销售、采购等），实现企业间的协同和各种社会资源的共享与集成，高速度、高质量、低成本地为市场提供所需的产品和服务[3]。

网络化制造有狭义与广义之分。狭义的网络化制造是指通过网络整合制造系统，在相应地使能技术的配合下，完成对应的制造功能。

广义的网络化制造涵盖了利用网络技术支持企业制造全过程的所有环节。学者范玉顺在其《网络化的内涵及关键技术》一文中给出网络化制造的含义：网络化制造是企业为应对知识经济和制造全球化的挑战而实施的以快速响应市场需求和提高企业（企业群体）竞争力为主要目标的一种先进制造模式。通过采用先进的网络技术、制造技术及其他相关技术，构建面向企业特定需求的基于网络的制造系统，并在系统的支持下，突破空间地域对企业生产经营范围和方式的约束，开展覆盖产品整个生命周期全部或部分环节的企业业务活动，如产品设计、制造、销售、采购和管理等，实现企业间的协同和各种社会资源的共享与集成，高速度、高质量、低成本地为市场提供所需的产品和服务。

网络化制造特点包括敏捷化、创新化、数字化、知识化、集成化、虚拟化、直接化、网络化、模块化和智能化。网络化制造的特点如图1.1所示。敏捷化是网络化制造核心思想之一。生产制造系统在现今发展阶段，面临的最大挑战是：环境的快速变化带来的不确定性；技术的迅速发展带来的设备和知识的更新速度加快；市场由卖方转为买方，市场正逐步走向全球化；产品特征由单一、标准化

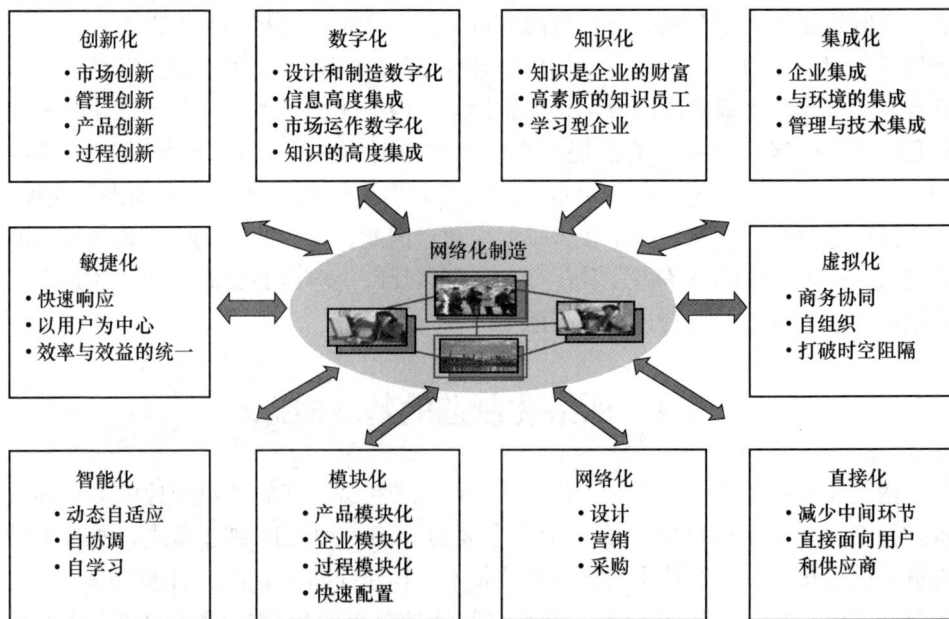

图1.1　网络化制造的特点

转变为顾客化、个性化，产品的生命周期明显缩短；制造企业之间尽管不再是单纯的竞争，但竞争的激烈程度有增无减。这就必须要求网络化制造采用集成化、数字化和网络化作为网络化制造的存在基础和实现手段，这样才能保证该模式从理论向实际应用的顺利转变。其中，集成化是指由于资源和决策的分散性特征，要充分发挥资源的效率，就必须将制造系统中各种分散的资源能够实现实时集成，分散资源的高效集成是网络化制造的目标之一；数字化是指借助信息技术，网络化制造能够实现真正完全无图纸的虚拟设计、数字化和虚拟化制造，帮助企业形成信息化的组织构架，实现企业内部、企业与外界的信息流、物流和资金流的顺畅传递，从而保证了产品设计与制造周期的缩短，降低成本，提高工作效率；网络化是指现代通信技术的发展促进了网络联盟的形成，由于制造资源和市场的分散，实现快速重组必须建立在网络化的基础之上。因此，组建高效的网络联盟需要将电子网络作为支撑环境，并充分应用现代化通信技术与信息技术。

1.2　网络化制造的基本内涵

网络化制造涉及制造技术的各个方面，从硬件到软件，从技术到管理，从企业到全社会的组织和个人，从局部资源到全球资源等，其内涵非常丰富。网络化制造理论是在协同论、系统论、信息论、分形论等相关理论的基础上发展起来的。网络化制造模式体现了分布和集中的统一、自治与协同的统一、混沌和有序的统一。

（1）分布和集中的统一。网络化制造是通过网络将地理位置上分散的企业和资源集成在一起，形成一个逻辑上集中、物理上分散的虚拟组织，并通过虚拟组织的运作实现其对市场需求的快速响应，提高参与网络化制造的企业群体或产业链的市场竞争力。另外，参与网络化制造的每个企业都有其特定的市场定位和企业目标，因此是分散的，但是在针对一个特定的市场需求时，这些通过网络连接在一起的企业又具有一个共同的目标。因此，网络化制造在企业的个体目标和群体目标、企业的物理位置和企业联盟的逻辑上体现了分散与集中的统一。

（2）自治与协同的统一。参与网络化制造的每个企业都可能是一个独立的实体，都有自己独立的组织体系和决策机制，都有独立的运作方式和管理方法，在决定企业的行为和行为方式上是高度自治的。但是，这些企业通过网络化制造的方式联系在一起时，又必须是协同的，而且协同的程度越高，企业间合作的效率就越高，联盟企业的经济效应就越好。因此，网络化制造体现了每个企业个体自治和企业间协同的统一。

（3）混沌和有序的统一。由于每个企业是独立自治的，运行模式和运行状态是不同的，所有这些不同的运行状态构成的状态空间整体上呈现一种混沌的形态。但是，当这些企业通过网络化制造构成一个虚拟联盟时，联盟的运行又呈现有序的状态，并且整个联盟将朝着提高产品质量、缩短产品交货期、降低产品成本的方向进化。因此，通过网络化制造可以实现混沌向有序的转化，体现了混沌和有序的统一。

1.3   网络化制造系统的结构和功能

面对网络经济时代制造环境的变化，需要建立一种按市场需求驱动的、具有快速响应机制的网络化制造系统模式。网络化制造是传统制造业在网络经济中必然要采取的行动，制造企业将利用 Internet 进行产品的协同设计和制造。网络化制造系统是企业在网络化制造模式的指导思想、相关理论和方法指导下，在网络化集成平台和软件工具的支持下，结合企业的具体业务需求，设计实施的基于网络的制造系统，其组成如图 1.2 所示。这里的制造指的是大制造的概念，既包括传统的车间生产制造，也包括企业的其他业务。根据企业的不同需要和应用范围，设计实施的网络化制造可以具有不同的形态，每个系统的功能也会有差异，但是其在本质上都是基于网络的制造系统，如网络化产品定制系统、网络化产品协同系统、网络化系统制造系统、网络化营销系统、网络化资源共享系统、网络化管理系统、网络化供应链管理系统、网络化设备监控系统、网络化售后服务系统、网络化采购系统等。

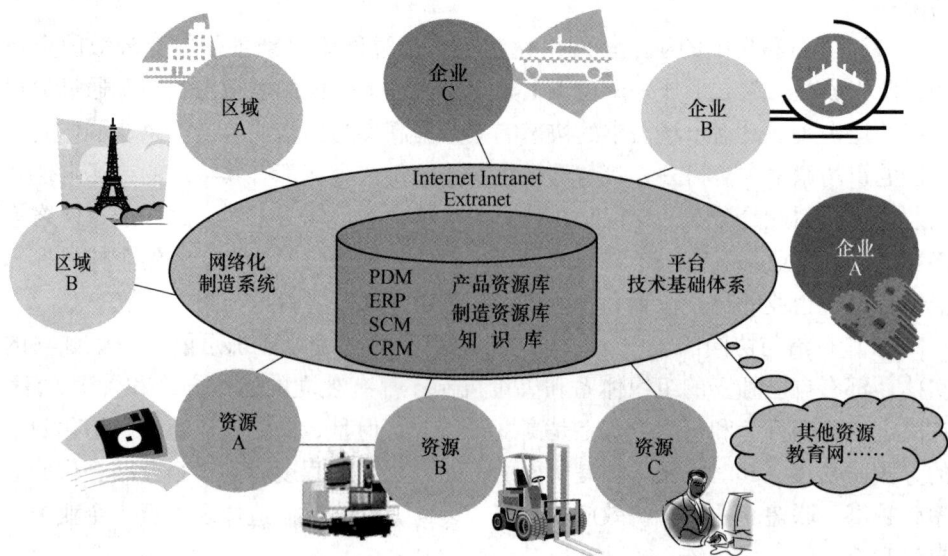

图 1.2　网络化制造系统的组成

网络化制造系统总体上可以分成企业用户以及支持它的网络化制造集成平台两个部分。网络化制造集成平台是一个基于网络等先进信息技术的企业间协同支撑环境,其为实现大范围异构分布环境下的企业间协同提供基础协议、公共服务、模型库管理、使能工具和系统管理等功能,并为企业间信息集成、过程集成和资源共享提供基于服务方式的透明、一致的信息访问与应用互操作手段,从而方便地实现不同企业间的人员、应用软件系统和制造资源的集成,形成具有特定功能的网络化制造系统。网络化制造集成平台又可以分成三层,自底向上分别是:基础层、应用与使能工具层、网络化制造应用系统层。因此,网络化制造系统的体系结构一共分四层,如图 1.3 所示,各个层次的功能依次如下:

(1) 基础层:主要为实施网络化制造提供基础的支持,包括基础数据库、相关的技术基础、网络化制造相关标准与协议等。

(2) 应用与使能工具层:包括各种实施区域网络化制造所需要的应用软件系统和使能工具。

(3) 网络化制造应用系统层:包含了企业实施网络化制造所需的最主要的功能,其具体功能如下。

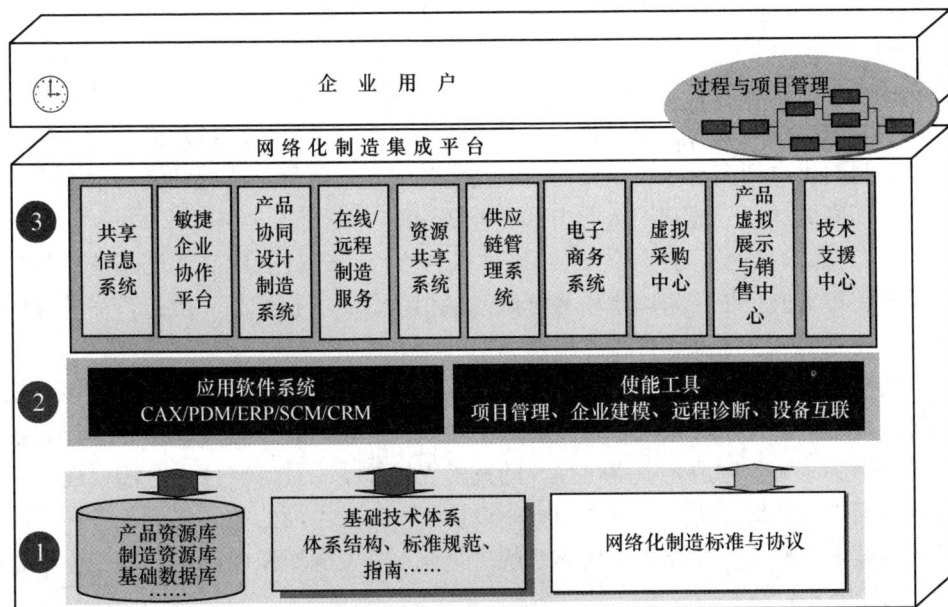

图 1.3　网络化制造系统的结构

1) 共享信息系统:为制造企业提供企业信息、产品信息和供求信息的发布机制,企业能方便地将自身的信息在区域/行业网络化制造平台上发布,供其他企业用户查询。提供信息检索、供求配对导航、智能信息代理服务,提供个性化服务。

2）敏捷企业协作平台：产品工程图纸和技术资料的传送与在线浏览；产品的网上协同设计；设计生产任务的异地进度监控与信息管理；虚拟会议室等。目的是提高企业间协作的效率，降低协作成本。

3）产品协同设计制造系统：为企业开展异地产品协同设计制造提供支持，包括跨企业产品数据管理、跨企业产品的并行设计制造、产品的虚拟设计与制造、产品研制的项目与过程管理、跨企业的产品可视化系统等。

4）在线/远程制造服务：通过对制造设备进行封装，实现制造设备的上网，并且能够为需要制造服务的其他企业提供在线和远程的制造工作。

5）资源共享系统：实现企业间共享资源的管理，实现企业间资源的优化配置，提高资源的利用率。资源共享系统提供共享资源的注册、删除、修改、查询等功能。通过建立系统共享模型，实现对共享信息的维护。

6）供应链管理系统：采用供应链管理的方法建立面向区域内产业链的企业间物流管理和信息管理系统，通过提高整个供应链的竞争力来加强本地区企业的整体竞争力。

7）电子商务系统：结合区域的经济特色，建立为区域经济服务的电子商务系统，为区域内的企业提供方便和低价的电子商务服务。

8）虚拟采购中心：建立行业性的面向中小企业的虚拟供应链和区域性网络化供应系统，使广大企业能够通过网络在动态供应链中进行合作，实现从订货合同获取、执行到完成的整个过程，通过企业内部集成及企业间的动态联盟，组建起从原材料供应到满足客户需要的最终商品的快速、廉价、适应性强的动态供应链，从而高效、充分地利用企业内部和外部资源。

9）产品虚拟展示与销售中心：以地区为中心，分行业建立本地制造产品的展示和销售集成系统，采取集中与分散链接相结合、实物产品和虚拟产品并存的方案，建立的一个展示和推销本地产品的一个大系统。

10）技术支援中心：网络化制造系统仅依靠企业的参与是不够的，应该依托高等院校、科研院所、系统咨询公司、中介服务公司、生产力促进中心等建立技术支援中心，为各制造企业提供强大的技术支持体系。技术支援中心需要建立友好的协同工作环境，为企业提供商务、设计、生产等方面的技术咨询服务和广泛的社会技术资源。建立技术支援体系解决企业人才资源短缺的问题，对于中小企业具有更重要的意义。

（4）企业用户层：通过互联网络实现企业互联，在项目管理和过程管理系统的支持下开展企业网络化制造实际应用。

上面提到的网络化制造集成平台属于基础性通用集成平台，结合具体企业的实际需求，可以发展出多种特定的网络化制造专业化集成平台，如构建基于应用服务提供商（Application Service Provide，ASP）方式的支持资源共享的网络化制造资源共享平台、支持异地协同产品开发的网络化产品协同设计平台、支持产品销售与服务的网络化产品定制服务平台、面向区域/行业企业群体的电子商务与供应链平台、支持虚拟企业运作的动态联盟管理平台等。

1.4　网络化制造资源集成

网络化制造资源集成就是以获取最大生产有效性为目的，以计算机技术和信息技术为支柱，以全球制造资源为可选对象，综合各种先进制造技术和管理技术，快速、高效地提供市场所需的产品或服务。网络化制造资源集成突破了传统经济时代资源相对集中、区域性经济的主要地位，使资源集成范围不再受地域、国界限制，形成全球性资源的大集成概念。

网络化制造资源集成成为21世纪制造技术发展的主流之一，为了适应这种新的技术发展趋势和市场环境，企业必然要对其技术构成、资源形态、组织结构和运作模式等做出一系列重要的调整。调整主要表现在以下几个方面：

（1）更加突出发展企业的核心技术，使企业的竞争力主要建立在通过核心技术完成的企业特色产品或服务上，成本和价格在企业竞争力的权重则退于其次。

（2）围绕自己的技术特色，针对持续变化的市场环境，建立良好的可重组、可配置的资源组织模式，使企业能够针对市场变化快速重组其资源，并尽可能地减少这种重组对企业正常运作的影响。

（3）为了实现资源的快速重组，要求企业建立更具有灵活性、开放性和自主性的组织结构，金字塔形的递阶结构最终将完全被网状结构所取代，在企业组织中人与人的关系将更具强调具有自主性的协调与合作，而不是行政式命令。

（4）调整企业技术、资源和组织使企业适应新的运作模式，即将原来单个企业封闭地完成一个产品的模式转变为围绕产品全生命周期运作的企业集团或多个优势互补企业组成的虚拟企业。对单个企业来说，与其他企业的协作能力是衡量其市场竞争力的重要因素。

网络化制造资源集成是一个运行在异构分布环境下的制造系统，在网络化制造资源集成平台的支持下，帮助企业在网络环境下开展企业业务和实现不同企业之间的协作，包括供应链管理、协同设计制造、协同商务、网上采购与销售、合作伙伴选择、资源共享等。图1.4为网络化制造资源集成体系结构。

网络化制造资源集成的体系结构从内到外分为5层。

第1层为市场和客户，即网络化制造资源集成是以市场和客户为中心，满足客户需求和赢得市场竞争是实施网络化制造资源集成的核心目标。

第2层是为满足市场和客户需求而组成的由多个企业通过建立合作伙伴关系

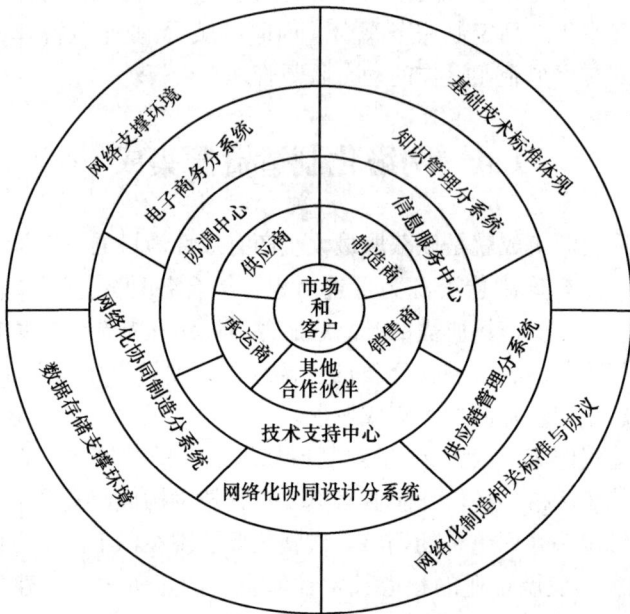

图 1.4　网络化制造资源集成体系结构

形成的企业联盟，具体包括制造商、供应商、销售商、承运商和其他合作伙伴。根据客户和市场需求，企业联盟协作完成从原材料获取、产品设计与制造、配送分销到售后服务的全过程，通过产品和服务满足客户需求获得利润，并实现制造平台上的所有合作伙伴"共赢"效应。

第 3 层为网络化制造资源集成提供基础使能服务支持，具体包括协调中心、信息服务中心和技术支持中心 3 个部分。网络化协调中心提供联盟企业结盟和权限管理等使能服务，如企业入盟申请的审批、入盟注册、数据访问权限的授予等；信息服务中心为联盟成员提供公共信息的存储、发布和查询服务，如网络联盟企业组织原则、合作伙伴情况（包括技术专长和生产能力等）、任务分配信息、项目和任务进展情况、产品和原材料库存情况等；技术支持中心为网络联盟企业的运作提供技术支持和技术服务，与软硬件供应商、系统集成公司等一起维护网络化制造资源集成的各支撑分系统和功能分系统的正常运行。上述 3 个中心可以建立在一个企业或组织中，也可以分布在多个企业或组织中。这些中心既可以由网络联盟企业中的核心企业建立和维护，也可以委托网络联盟企业外的中立支持中心来承担。

第 4 层是支持业务运行的网络化制造应用系统层，包括电子商务分系统、供应链管理分系统、网络化协同设计分系统、网络化协同制造分系统和知识管理分系统等。电子商务分系统的功能包括产品发布、订单获取、财务管理及相关的电子支付、电子交易流程管理等；供应链管理分系统完成供应链组织、合作伙伴任务分配、协同采购、销售计划管理以及制造过程优化等功能，合作伙伴基于供应链管理分系统发起和组建供应链，并在此基础上完成任务分配和监控，并协调供应商、制造商、分销商和零售商等合作伙伴之间的生产、供应和传递等任务，优化产品制造过程的物流路径，平衡合作伙伴库存，达到降低成本，提高供应链效率和客户满意度的目标，最终使供应链达到整体最优并实现合作伙伴"多赢"。

网络化协同设计分系统支持产品制造商与零部件制造商、原材料供应商和设计伙伴，甚至客户通过网络并行和协同地进行产品设计、零部件设计、材料选择、工艺规划、虚拟加工和虚拟装配；网络化协同制造分系统完成网络化制造资源的配置和运行管理，其在网络化集成制造系统中建立相关企业的加工设备、装配设备、检测设备、运输设备等制造资源的数据库，将这些企业及其制造单元作为制造执行代理（agent）加入系统中，根据制造任务和相关制造数据适时地完成原材料供应、零部件加工、产品生产（加工和装配）等工作，并及时反馈生产信息；知识管理分系统完成公共知识库和专有知识库的建立和管理，维护相关企业、高等院校和研究院所拥有的专有技术、开发能力和人才等信息，以及独立设计人的技术和能力信息，在此基础上支持合作伙伴间的知识有偿共享、技术转让以及合作开发知识的权利共享。

第 5 层是网络化制造资源集成的基础环境，具体包括涵盖 Internet/Intranet/Extranet 的网络支撑环境、跨不同地域及异构的数据存储支撑环境（产品数据库、制造资源数据库、基础数据库）、基础技术标准体系（标准、规范、系统体系结构、网络化制造资源集成实施指南）及网络化制造相关标准与协议等，共同支撑着整个网络化制造资源集成的运行。

1.5　网络化制造的关键技术

网络化制造系统是分布、异构、松散耦合的智能系统，除了先进制造技术与理念本身，网络化制造的具体实现与实施还需要一系列相关技术的支撑。网络化的研究与应用实施中涉及大量的组织、使能、平台、工具、系统实施和运行管理技术，对这些技术的研究和应用既可以深化网络化制造系统的应用，同时又可以促进先进制造和信息技术的理论、方法及工具系统的研究和发展。网络化制造设计的技术大致可以分为总体技术、基础技术、集成技术与应用实施技术。图 1.5 给出了网络化制造涉及的关键技术分类及每个技术大类的含义与主要内容。

（1）总体技术。总体技术主要是指从系统的角度研究网络化制造系统的结构、组织、与运行方面的技术，包括网络化制造模式、网络化制造系统体系结构、网络化制造系统构建与组织实施技术、网络化制造系统的运行管理技术、产

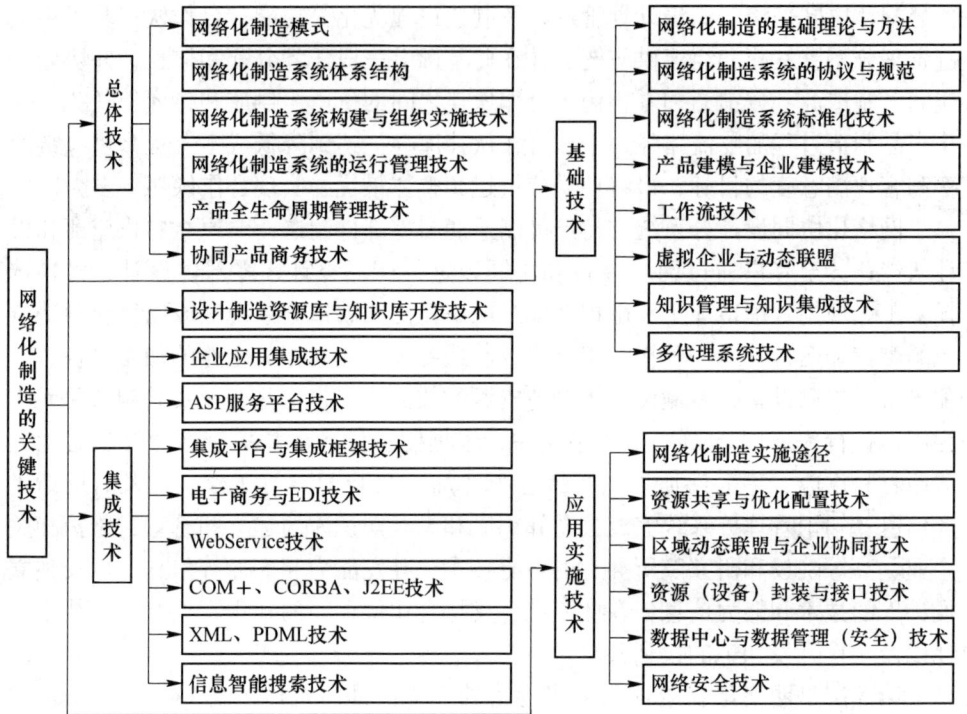

图 1.5　网络化制造的关键技术

品全生命周期管理技术和协同产品商务技术等。

（2）基础技术。基础技术是指网络化制造中应用到的共性与基础技术，这些技术不完全是网络化制造所特有的技术，包括网络化制造的基础理论与方法、网络化制造系统的协议与规范、网络化制造系统标准化技术、产品建模与企业建模技术、工作流技术、虚拟企业与动态联盟、知识管理与知识集成技术和多代理系统技术等。

（3）集成技术。集成技术主要是指网络化制造系统设计、开发与实施中需要用到的系统集成与使能技术，包括设计制造资源库与知识库开发技术，企业应用集成技术，ASP 服务平台技术，集成平台与集成框架技术，电子商务与 EDI 技术，WebService 技术，COM + 、CORBA、J2EE 技术，XML、PDML 技术，信息智能搜索技术等。

（4）应用实施技术。应用实施技术是支持网络化制造系统应用的技术，包括网络化制造实施途径、资源共享与优化配置技术、区域动态联盟与企业协同技术、资源（设备）封装与接口技术、数据中心与数据管理（安全）技术、网络安全技术等。

1.6　网络化制造的研究现状及发展趋势

　　网络技术的飞速发展使得制造业突破了地域空间的限制。未来制造业的发展趋势必然是网络化、全球化、虚拟化，总体目标则是要达到快速设计、快速制造、快速检测、快速响应和快速重组。网络制造的研究、实施与应用对于充分利用制造业优势资源、改造传统制造业、推动制造业网格应用软件产业的发展、建立我国现代企业创新体系等方面，从而提升我国制造业企业水平，尤其是对广大中小型企业的发展有着重要的意义。网络化制造公共服务平台是开展网络化制造活动的基本设施，旨在为分散的制造企业提供统一的"中介"服务，在协同制造企业之间搭建一座连通桥梁，实现网络化制造系统的动态配置、运行和调度、制造协同等电子服务机制。基于该平台，企业能寻找市场机遇，组织或参与联盟，管理合作项目，进行技术和商务洽谈[4]。

　　数字化网络化制造方面的研究正在全球迅速兴起。围绕网络化制造模式的研究，或者在与网络化制造有关的研究中，出现了一系列新概念、新观点和新思想，如敏捷制造、智能车间调度、并行工程、供应链管理、虚拟制造、虚拟企业和动态联盟等。这些新概念、新观点、新思想无不体现了企业基于网络的制造理念，同时以此为基础的网络化制造的研究和应用也在迅速发展。

　　（1）国外研究现状。近年来出现了以下众所周知的著名研究计划：美国里海大学《美国 21 世纪制造企业战略》，美国能源部"敏捷制造使能计划"，美国国防部和科学基金会资助的"下一代制造"，欧盟"第五框架计划"，日本"智能制造技术计划"（IMS 计划）和"网络化韩国 21 世纪计划"等均包含了大量有关网络化制造的内容。除了上述研究计划之外，其他计划和各方面有关网络化制造的研究也在迅速发展，并已取得了不少研究成果，示例如下所述。

　　21 世纪初美国国际制造企业研究所发表了《美国 - 俄罗斯虚拟企业网》（Russian-American Virtual Enterprise Network，RA-VEN）研究报告。该项目是美国国家科学基金研究项目，目的是开发一个跨国虚拟企业网的原型，使美国制造厂商能够利用俄罗斯制造业的能力。从更大意义上讲，作为全球制造基础框架一部分的美俄虚拟企业的建立与发展起到了实现全球制造的示范作用。美国标准技术研究院已经通过"先进技术计划"（ATP）资助 500 万美元用以建立网络化制造的安全框架，该项目旨在建立一个柔性防火墙，防火墙采用一种分布式体系结构，可以防护任何网络化制造体系所涉及的设备，大至一个企业的服务器，小至一个内嵌的传感器。"虚拟企业信息交换项目"（VFIP）是美国国家电子制造协会（NEMI）领导的工厂信息系统的一个研究项目。该项目涵盖 OEM 和 EMS 供货商之间从板卡生产到最终组装过程的双向信息交流，其重点是工程技术与制造数据的交流。另外，许多高校也在从事网络化制造的相关研究。例如，美国加州大学伯克利分校的集成制造实验室建立了世界上第一个基于 WWW 的设计和制造系统。英国剑桥大学正在进行"全球制造虚拟网络（GMVN）研究"。Wisconsin-Milwaukee 大学 Jayle 教授主持的 IMS 中心提供了一种网络化制造的实验平台。许多公司也在研发网络化制造相关的技术支持产品。例如，美国 e 制造网络有限公司（e-manufacturing Networks Inc.）是首家将机械设备与 Internet 网络连接的公司，该公司开发的软硬件一体化 Internet 网络机械设备可实现异地实时设备资源利用、供应链自动化集成、生产过程在线实时监控、远程设备诊断与维护等功能。美国 MDS 有限公司开发的软件系统 OpenCNC5.1 可实现 CNC 设备通过车间局域网或 Internet 直接与 ERP、生产计划系统或设备维护系统相集成。

（2）国内研究现状。国内在网络化制造方面也做了大量研究工作，国家自然科学基金、国家"863"计划、国家科技攻关计划确立了不少研究课题，已取得了不少研究成果，其中有如下比较典型的研究课题。

1）分散网络化制造系统（DNPS）。DNPS 项目列入了国家科技攻关项目，并通过验收。在国家科学技术部组织机械工业科学技术重大进展评选中，将分散网络化制造研究列入 11 大进展之一，标题为"新生产模式的研究和实践，推动了我国制造业的技术进步和管理现代化"。

2）现代集成制造系统网络（CIMSNET）。CIMSNET 是面向制造业的全国性虚拟网络，是国家 863/CIMS 主题的重大项目之一，是为适应制造业发展趋势而建设的一个以高技术为依托、面向制造业的专业性、分布式和应用型网络系统，该系统已经建成并投入运行。

3）区域性网络化制造系统。重庆大学较早提出了"区域性网络化制造系统"的概念，并承担了国家 863 项目"区域性网络化制造系统及应用示范工程预研项目"（编号：863-511-08-017）。目前，国家 863 计划现代集成制造系统主题已将"区域网络制造系统"作为重要研究内容，并确立和开展了不少这方面的研究课题。

从国内外发展趋势可以看到，网络化制造方面的研究正在全球迅速兴起和蓬勃发展。总结起来，现有研究主要集中在以下技术或技术群方面，其中各技术群所包括的若干技术具有相对的功能独立性。

（1）基础支持技术：包括网络技术和数据库技术等开展网络化制造的基础支持技术。

（2）信息协议及分布式计算技术：包括网络化制造信息转换协议技术、网络化制造信息传输协议技术、分布式对象计算技术、Agent 技术、WebServices 技术及网格计算技术等。

（3）基于网络的系统集成技术：主要包括基于网络的企业信息集成/功能集

成/过程集成技术和企业间集成技术、面向敏捷制造和全球制造的资源优化集成技术、产品生命周期全过程信息集成和功能集成技术以及异构数据库集成与共享技术等。

（4）基于网络的管理技术群：主要包括企业资源计划（ERP）/联盟资源计划（URP），虚拟企业及企业动态联盟技术、敏捷供应链技术、大规模定制生产组织技术以及企业决策支持技术等。

（5）基于网络的营销技术群：主要包括基于 Internet 的市场信息技术、网络化销售技术、基于 Internet 的用户定制技术、企业电子商务技术和客户关系管理技术等。

（6）基于网络的产品开发技术群：主要包括基于网络的产品开发动态联盟模式及决策支持技术和产品开发并行工程与协同设计技术、基于网络的 CAD/CAE/CAPP/CAM 技术及 PDM 技术、面向用户的设计、用户参与的设计、虚拟产品及网络化虚拟使用与性能评价技术、设计资源异地共享技术和产品全生命周期管理技术（PLM）等。

（7）基于网络的制造过程技术群：主要包括基于网络的制造执行系统技术、基于网络的制造过程仿真及虚拟制造技术、基于网络的快速原型与快速模具制造技术、设备资源的联网运行与异地共享技术、基于网络的制造过程监控技术和设备故障远程诊断技术等。

综上所述，网络化制造的相关技术群有机结合形成了网络化制造的技术体系，网络化制造研究发展趋势分析国内外已有研究，可对网络化制造的研究发展趋势总结如下：

（1）网络化制造系统的空间范围不断发展，全球化网络化制造系统正在形成。实施网络化制造所形成的制造系统称为网络化制造系统。例如早期的计算机集成制造系统可看作基于企业网（现大多是 Intranet）的企业内部网络化制造系统。目前，网络化制造已从基于 Intranet 走向了基于 Intranet/Internet 或 Intranet/Extranet/Internet 的集成，已从企业内部走向了企业外部，并在迅速走向全球，全球化网络化制造系统正在形成。全球化网络化制造系统目前有两类突出案例值得一提，一类是不少跨国公司利用网络化制造技术进行全球化产品开发、生产组织和市场运作，网络化制造使得跨国公司如虎添翼，得到迅速发展，形成了全球化网络化跨国集团。另一类是针对某一市场机遇，在全球化范围内动态选择合作伙伴，形成全球化虚拟企业。

（2）网络化制造中信息交换标准协议研究的重要性日益突出。由于网络化制造的全球化趋势正在形成，作为网络化制造中基础之一的信息交换标准协议的重要性日益突出。目前与网络化制造相关的部分信息交换协议已经出现，例如联合国负责政策与技术发展的机构 UN/CEFACT 组织与国际非盈利性标准联盟

OASIS 正式批准了全球电子商务的新标准——ebXML 等。但整个网络化制造标准协议规范还远远不够，并且有些标准还在讨论之中，因此网络化制造中的信息交换标准协议还需要深入研究、开发和发展。

（3）网络化产品协同开发仍将是今后相当一段时间网络化制造的重要研究课题。网络化制造涉及的技术问题多且内容复杂，前面所述的网络化制造技术体系中许多技术问题都有待于深入研究和解决。

1.7　网络化集成制造系统

网络化集成制造系统（Networked Integrated Manufacturing System，NIMS）是一种现代集成制造新模式。它综合运用现代设计技术、智能协同调度技术、制造自动化技术、系统工程方法、动态联盟方法、并行工程方法、供应链管理技术、Agent 技术、知识管理技术、分布式数据库管理技术、Internet 和 Web 技术以及网络通信技术等方法和技术，在计算机网络（Internet/Intranet/Extranet）和分布式数据库支撑下，将合作伙伴的信息、过程、组织和知识的有机集成，并实现整个系统（如动态联盟或供应链）的综合优化，从而达到产品上市快、质量高、成本低、服务好和环境影响小的目标，使系统赢得竞争，取得良好的经济效益和社会效益，并实现合作伙伴的"双赢"。开发由订单到项目管理、业务流程优化、生产管理、质量管理、目标成本管理、供应链管理和客户关系管理等整个产品生命周期的全过程管理的系统应用平台，完成开发、设计、加工、装配、生产服务、配送、售后服务等功能的面向产品全生命周期的网络化集成制造系统对丰富和完善网络化制造的理论体系、增强网络化制造技术的实用性具有十分重要的理论与实际应用价值。

因此，在相关项目资助下，东北大学网络化制造中心王宛山教授提出了"面向产品全生命周期的网络化集成制造系统"的研究目标，并希望研究成果为网络化制造理论的完善与发展做出贡献，为网络化制造理论的实际应用提供典型范例，切实提升企业的制造水平、降低产品的制造成本，提高企业的市场竞争力。

下面是东北大学网络化制造研究中心提出的"面向产品全生命周期的网络化集成制造系统"的主要功能，如图 1.6 所示，简要介绍如下：

（1）产品设计子系统。设计人员经过身份验证进入系统进行产品开发、协同设计与在线技术服务。系统采用 AutoCAD 进行产品二维设计、采用 UG 进行产品三维设计，采用 MATLAB 进行零部件的结构分析与运动仿真。设计好的图纸须负责人审核和签字，并反馈审核信息。产品所有零件图、装配图通过总设计师签字后存入电子图库，可以被其他被授权的人员查阅、浏览和打印输出。

（2）工艺定制子系统。工艺编制人员经过身份验证便可进入系统进行产品

```
                    ┌─────────────┐    ┌────────────────┐
                 ┌──│ 系统管理子系统 │────│  系统维护与升级  │
                 │  └─────────────┘    ├────────────────┤
                 │                     │  登录权限管理    │
                 │                     └────────────────┘
                 │                     ┌────────────────┐
                 │                     │  服务信息查询    │
                 │  ┌─────────────┐    ├────────────────┤
                 ├──│ 售后服务子系统 │────│  服务网上约定    │
                 │  └─────────────┘    ├────────────────┤
                 │                     │  配件网上采购    │
                 │                     ├────────────────┤
                 │                     │  在线技术咨询    │
                 │                     └────────────────┘
                 │  ┌─────────────┐    ┌────────────────┐
                 ├──│ 虚拟仓库子系统 │────│  产品出库管理    │
                 │  └─────────────┘    ├────────────────┤
                 │                     │  产品入库管理    │
                 │                     └────────────────┘
  ┌────┐         │  ┌─────────────┐    ┌────────────────┐
  │面向 │         ├──│ 产品销售子系统 │────│  产品网上订购    │
  │产品 │         │  └─────────────┘    ├────────────────┤
  │全生 │         │                     │  产品销售管理    │
  │命周 │         │                     └────────────────┘
  │期的 │         │  ┌─────────────┐    ┌────────────────┐
  │网络 │─────────┤──│ 供应链管理子系统│────│  内部供应链管理  │
  │化制 │         │  └─────────────┘    ├────────────────┤
  │造系 │         │                     │  外部供应链管理  │
  │统  │         │                     └────────────────┘
  └────┘         │                     ┌────────────────┐
                 │  ┌─────────────┐    │  质量文件查询    │
                 ├──│ 质量管理子系统 │────├────────────────┤
                 │  └─────────────┘    │  质量评估        │
                 │                     ├────────────────┤
                 │                     │  质量检验        │
                 │                     └────────────────┘
                 │                     ┌────────────────┐
                 │  ┌─────────────┐    │  服务单元        │
                 ├──│   制造子系统  │────├────────────────┤
                 │  └─────────────┘    │  执行单元        │
                 │                     ├────────────────┤
                 │                     │  控制单元        │
                 │                     └────────────────┘
                 │  ┌─────────────┐    ┌────────────────┐
                 ├──│ 生产计划子系统 │────│  生产调度        │
                 │  └─────────────┘    ├────────────────┤
                 │                     │  生产计划        │
                 │                     └────────────────┘
                 │  ┌─────────────┐    ┌────────────────┐
                 ├──│ 工艺定制子系统 │────│  技术服务        │
                 │  └─────────────┘    ├────────────────┤
                 │                     │  工艺编制        │
                 │                     └────────────────┘
                 │  ┌─────────────┐    ┌────────────────┐
                 └──│ 产品设计子系统 │────│  技术服务        │
                    └─────────────┘    ├────────────────┤
                                       │  二维、三维设计  │
                                       └────────────────┘
```

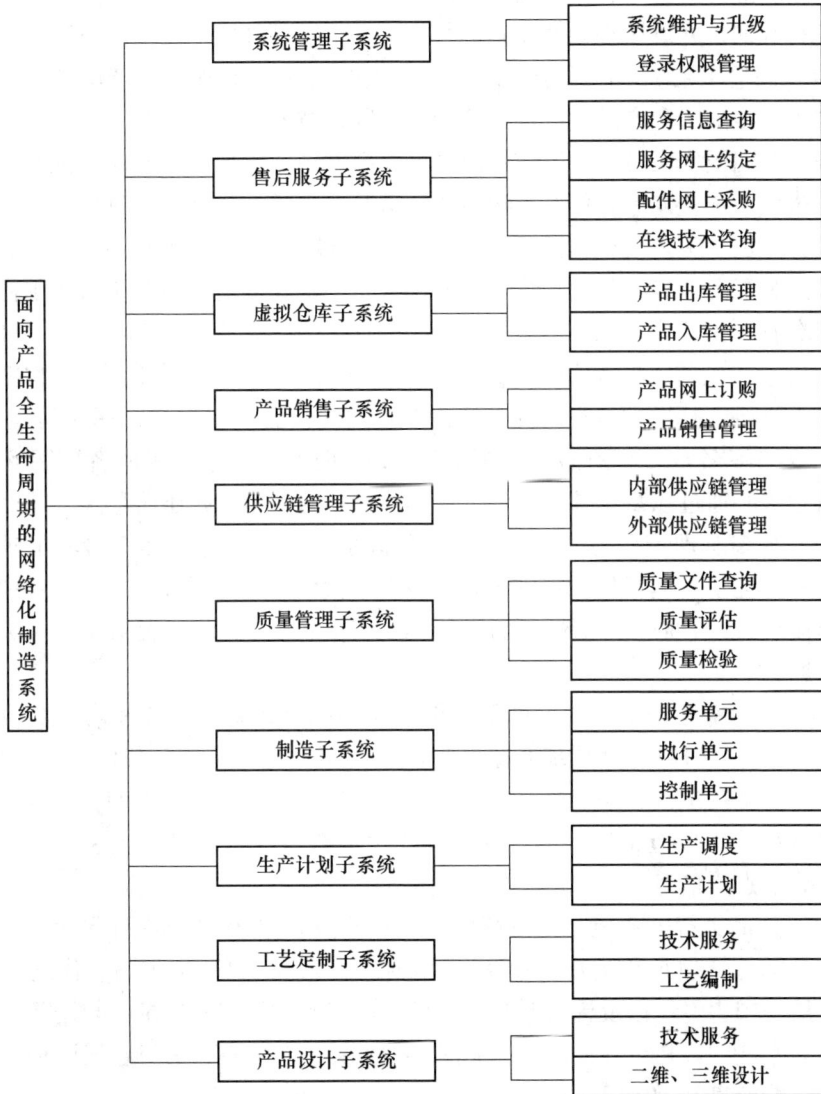

图 1.6　网络化制造系统功能

工艺编制与在线技术服务。经审核合格的工艺文件方可存入工艺电子文档库。只有存入电子文档库的工艺文件方可被授权的其他人员或设备浏览或调用（G代码）。

　　（3）生产计划子系统。通过该系统下达年生产计划、季度生产计划和月生产计划，调整年度、季度和月份生产计划，下达物料的年度、季度和月份的消耗量，调整年度、季度和月份物料消耗计划。

通过该系统还可完成生产任务调度，将生产任务分配到设计室、工艺室以及车间等相应部门的管理者并逐级下达；在生产过程中可对各部门生产任务的完成情况进行查询，并反馈查询意见；进行外协加工零部件的信息录入与管理。

（4）制造子系统。制造子系统用于管理车间生产流程和生产服务，包括零件热加工、冷加工和产品装配进程管理与控制，技术服务，工具、量具、卡具借用服务。车间调度人员可通过该系统录入零部件的加工位置、产品装配状态。工人可通过该系统查询生产任务、物料准备情况，工具、量具、卡具借用情况，进行与设计人员、工艺人员的技术咨询，浏览零部件的设计图纸、加工工艺文件，浏览产品装配图、装配工艺和装配动画。车间管理人员通过该系统录入零件加工信息（包括每道工序的加工者代码、完工时间、验收者代码和零件号），录入产品装配信息（包括装配者代码、零部件号、完工时间和验收者代码）。物料管理人员录入物料（标准件、专用件、外构件）入库信息（品名、入库时间、数量、经手人数字签名）、出库信息（领取者代码、时间、数量，领取者数字签名）。工具管理中心通过该系统录入工具、量具、卡具的借用和归还信息。

（5）质量管理子系统。质检人员通过该系统录入零部件加工检验记录和产品装配检验记录（包括抽检零件号、抽检工序代码、加工者代码、抽检者代码和抽检时间等）。可通过该系统进行质量评估，对加工者和装配者给予不同级别的提示和警告。

（6）供应链管理子系统。该系统包括外部供应链管理系统和内部供应链管理系统两部分。外部管理系统通过与ERP的集成实现采购人员代码、产品名称、采购数量、采购单价、采购单位、采购日期、联系电话等信息查询。通过内部供应链管理系统可以查询物料的出库时间、出库数量、领取者、经手人、所在位置、所处状态等信息。

（7）产品销售子系统。该系统由产品销售管理系统和产品网上订购系统组成。产品销售管理系统负责销售商、代理商的管理，包括销售商、代理商的姓名、学历、销售经历以及销售业绩等信息，销售商、代理商的录入与删除。通过网上销售系统，客户可在线浏览产品图片和相关文字信息、进行在线咨询、网上订货和订购信息查询。

（8）虚拟仓库子系统。通过该系统可进行产品入库与出库操作，记录产品入库时间、入库数量、经手人代号和数字签名、产品出库时间、出库数量、领取者代号和数字签名等信息。

（9）售后服务子系统。通过该系统用户可进行网上技术咨询，在技术人员的指导下完成设备操作或排除设备故障，实现远程售后服务；如果在技术人员的指导下无法排除设备故障，可通过该系统进行现场售后服务约定，企业会派技术人员按约定日期进行现场售后服务。用户也可以通过该系统完成配件采购并随时进行采购信息查询。

（10）系统管理子系统。通过该系统可设定登录者的使用权限；初始化不同使用权限下应用系统界面；进行系统的日常维护、删除垃圾信息，负责软件升级和信息发布如会议通知、节假日作息时间安排、企业经营情况、企业人事变更情况以及企业内部新闻等信息。

2 车间调度集成优化相关理论

2.1 多目标优化问题

多目标优化问题（Multi-Objective Problem，MOP）一般表述为在满足约束的可行解中，寻找使所有目标函数的值中最小的（或最大的）可行解，其数学模型的形式一般如下：

$$\min f(X) = \left[f_1(X), f_2(X), \cdots, f_p(X) \right] \tag{2.1}$$

$$\text{s. t.} \qquad g_i(X) = 0, \quad i = 1, 2, \cdots, q \tag{2.2}$$

$$h_i(X) < 0, \quad i = 1, 2, \cdots, r \tag{2.3}$$

式中，$X = \{x_1, x_2, \cdots, x_n\}$ 为决策变量的集合，式（2.1）为目标函数，式（2.2）和式（2.3）为约束条件。满足约束条件的一组决策变量称为问题的一个可行解。

由于 MOP 有多个相互竞争的优化目标，所以单目标优化中的比较关系，如 =、<、> 等不能直接用于 MOP，同时 MOP 也不存在一个绝对的最优解。为比较 MOP 的可行解并从解集中选出可供决策者使用的可行解，做出了如下定义：

（1）对于向量 $\boldsymbol{a} = \{a_1, a_2, \cdots, a_k\}$，向量 $\boldsymbol{b} = \{b_1, b_2, \cdots, b_k\}$，如果对 $\forall i \in 1, 2, \cdots, k$，有 $a_i \leqslant b_i$ 且 $\exists i \in 1, 2, \cdots, k$，使 $a_i < b_i$，则称 $\boldsymbol{a}$ 向量 Pareto 支配（简称支配）$\boldsymbol{b}$ 向量，记为 $\boldsymbol{a} < \boldsymbol{b}$；

（2）对于可行解 $X = \{x_1, x_2, \cdots, x_n\}$，$Y = \{y_1, y_2, \cdots, y_n\}$，目标函数集合 $f = \{f_1, f_2, \cdots, f_p\}$，如果有 $f(X) < f(Y)$，则 X 可行解 Pareto 支配 Y 可行解，记为 $X < Y$；

（3）若 U 为所有可行解构成的解集，若对于 $\forall Y \in U$，Y 均不能支配可行解 X，则称 X 为 Pareto 最优解或 Pareto 非劣解；

（4）所有 Pareto 最优解构成的集合称为 Pareto 最优解集；

（5）Pareto 最优解集中的所有解在目标函数空间中的图像构成 Pareto 最优前沿，如图 2.1 所示。

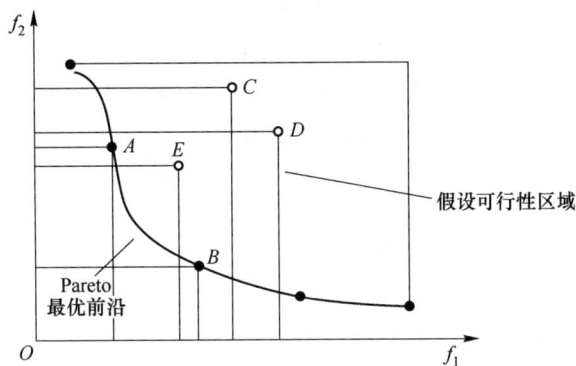

图 2.1 MOP 中解的关系

2.2 传统柔性作业车间调度问题

2.2.1 问题描述

如图 2.2 所示，传统柔性作业车间调度问题（Flexible Job-Shop Schedualing, FJSP）中有 n 个工件、m 台机器，各工件的加工均需由一组有顺序约束的工序完成，各机器可加工不同工件的工序，不同机器加工相同工序的时间不同，需要为每道工序指定一台机器并给出开始加工该道工序的时间。

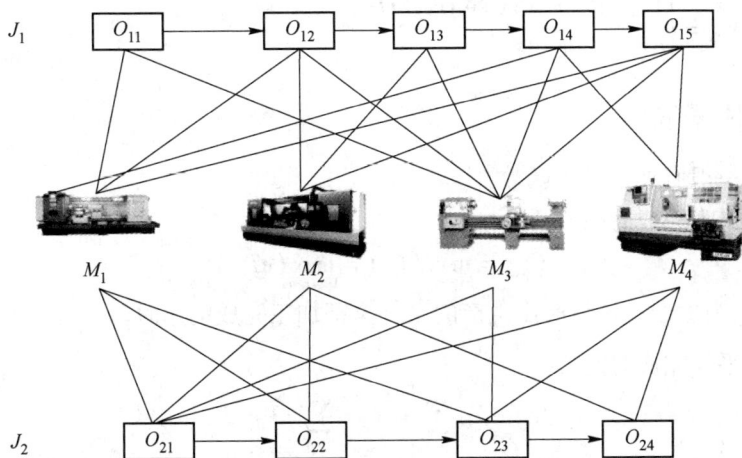

图 2.2 传统柔性作业车间调度问题

FJSP 做出如下假设：

（1）一道工序一旦开始加工，不能被停止；

（2）一台机器同一时间只能加工一道工序；

（3）每个工件都是独立的，相互间没有影响；

（4）同一工件各道工序间可以有空闲时间。

2.2.2　符号定义

模型中所用符号定义如下：

n 表示工件总数；

m 表示机器总数；

i、j 为工件下标，J_i、J_j 为需加工的工件，L_i、L_j 为工件 J_i、J_j 的工序总数；

e、f 为节点下标，O_{ie-1}、O_{ie} 分别为 J_i 的第 $e-1$ 道工序和第 e 道工序，O_{jf} 为 J_j 的第 f 道工序；

p、r 为机器下标，M_p、M_r 为两台不同的机器；

t_{iep}、t_{jfp} 为 M_p 加工工序 O_{ie}、O_{jf} 的用时；

P_p 为 M_p 加工工序时单位时间的能耗；

$$S_{pie} = \begin{cases} 1, & M_p \text{ 可以加工工序 } O_{ie}; \\ 0, & \text{否则} \end{cases}$$

sT_{ie}、sT_{jf} 分别为工序 O_{ie}、O_{jf} 的开始时间，eT_{ie}、eT_{jf} 分别为工序 O_{jie}、O_{jf}（的）结束时间；

D_i 为工件 J_i 的交付时间。

决策变量：

$$x_{iep} \text{、} x_{jfp} = \begin{cases} 1, & M_p \text{ 加工工序 } O_{ie} \text{、} O_{if} \\ 0, & \text{否则} \end{cases}$$

2.2.3　目标函数

FJSP 一般有如下目标函数：

（1）最大完成时间 $C_{\max}$。

$$C_{\max} = \max_{1 \le i \le n} (C_i) = \max_{1 \le i \le n} (eT_{iL_i}) \tag{2.4}$$

式中，$C_{\max}$ 为生产系统将所需生产的工件全部加工完成的用时。

（2）平均完成时间 $\overline{C}$。

$$\overline{C} = \frac{\sum_{1 \le i \le n} C_i}{n} = \frac{\sum_{1 \le i \le n} eT_{iL_i}}{n} \tag{2.5}$$

式中，$\overline{C}$ 为各工件完成加工的平均用时。

（3）最大流动时间 $F_{\max}$。

$$F_{\max} = \max_{1 \leq i \leq n} (F_i) = \max_{1 \leq i \leq n} (sT_{i1} - eT_{iL_i}) \tag{2.6}$$

式中，$F_{\max}$ 为所有工件在生产系统中的最大驻留时间。

（4）平均流动时间 $\overline{F}$。

$$\overline{F} = \frac{\sum\limits_{1 \leq i \leq n} F_i}{n} = \frac{\sum\limits_{1 \leq i \leq n} sT_{i1} - eT_{iL_i}}{n} \tag{2.7}$$

式中，$\overline{F}$ 为所有工件在生产系统中的平均驻留时间。

（5）总拖期时间 Tar_{sum}。

$$Tar_{\mathrm{sum}} = \sum_{1 \leq i \leq n} Tar_i = \sum_{1 \leq i \leq n} (eT_{iL_i} - D_i)\omega(eT_{iL_i} - D_i) \tag{2.8}$$

式中，$\omega(x)$ 为一个判断函数，$x \leq 0$，$\omega(x) = 0$，$x > 0$，$\omega(x) = 1$；Tar_{sum} 为所有工件的完工时间超出其交付时间的部分之和，提前完成工件的没有奖励，只对完工时间超出交付时间的工件做惩罚，优化该目标可使生产系统尽力满足订单需求。

（6）平均拖期时间 $\overline{Tar}$。

$$\overline{Tar} = \frac{\sum\limits_{1 \leq i \leq n} Tar_i}{n} = \frac{\sum\limits_{1 \leq i \leq n} (eT_{iL_i} - D_i)\omega(eT_{iL_i} - D_i)}{n} \tag{2.9}$$

式中，$\overline{Tar}$ 为所有工件的完工时间超出其交付时间的部分的平均值。

（7）带权重总拖期时间 $Tar_{\mathrm{weightsum}}$。

$$Tar_{\mathrm{weightsum}} = \sum_{1 \leq i \leq n} \alpha Tar_i = \sum_{1 \leq i \leq n} \alpha(eT_{iL_i} - D_i)\omega(eT_{iL_i} - D_i) \tag{2.10}$$

实际生产中，不同工件的重要程度是不同的，故 $Tar_{\mathrm{weightsum}}$ 在 Tar_{sum} 基础上加了权重系数。

（8）机器总负荷 $Load_{\mathrm{T}}$。

$$Load_{\mathrm{T}} = \sum_{1 \leq p \leq m} \sum_{1 \leq i \leq n} \sum_{1 \leq e \leq L_i} x_{iep} t_{iep} \tag{2.11}$$

式中，$Load_{\mathrm{T}}$ 为生产系统加工所有工件的总耗时。

（9）关键机器负荷 $Load_{\mathrm{C}}$。

$$Load_{\mathrm{C}} = \max_{1 \leq p \leq m} \left(\sum_{1 \leq i \leq n} \sum_{1 \leq e \leq L_i} x_{iep} t_{iep} \right) \tag{2.12}$$

式中，$Load_{\mathrm{C}}$ 为各机器中加工时间最长的机器（关键机器）的总耗时。

（10）总耗能 E。

$$E = \sum_{p=1}^{m} \sum_{i=1}^{n} \sum_{e=1}^{L_i} x_{iep} P_p t_{iep} \tag{2.13}$$

式中，E 为所有机器消耗能量之和，各机器单位时间的能耗是固定的。

2.2.4　约束条件

FJSP 的约束条件包括加工资源约束、加工匹配约束、加工时间约束、加工顺序约束。

（1）加工资源约束。

$$\sum_{p=1}^{m} x_{iep} = 1$$

$$\forall i,e;\quad i=1,2,\cdots,n;\quad e=1,2,\cdots,L_i \tag{2.14}$$

$$(sT_{jf} - eT_{ie})x_{iep}x_{ifp} \geqslant 0 \bigvee (sT_{ie} - eT_{jf})x_{ifp}x_{jep} \geqslant 0$$

$$\forall i,j,f;\quad i,j=1,2,\cdots,n;\quad e=1,2,\cdots,L_i;\quad f=1,2,\cdots,L_j \tag{2.15}$$

式（2.14）确保一道工序只选一台机器完成。式（2.15）确保一台机器同一时间只加工一道工序，若 O_{ie} 和 O_{jf} 为同在机器 p 上加工的工序，公式左侧和右侧分别表示了 O_{ie} 在 O_{jf} 前和 O_{jf} 在 O_{ie} 前的情况。

（2）加工匹配约束。

$$\sum_{p=1}^{m} \sum_{i=1}^{n} \sum_{e=1}^{L(i)} x_{iep}\left[1 - S_{pie}\right] = 0 \tag{2.16}$$

式（2.16）确保各机器能加工被分派到其上的所有工序。

（3）加工时间约束。

$$eT_{ie} - sT_{ie} = \sum_{p=0}^{m} t_{iep}x_{iep}$$

$$\forall i,e;\quad i=1,2,\cdots,n;\quad e=1,2,\cdots,L_i \tag{2.17}$$

式（2.17）表示各工序起始加工时间和完成时间的关系。

（4）加工顺序约束。

$$sT_{ie} - eT_{ie-1} \geqslant 0$$

$$\forall i,e;\quad i=1,2,\cdots,n;\quad e=1,2,\cdots,L_i \tag{2.18}$$

式（2.18）确保工件加工工艺中后一道工序在前一道工序完成之后才开始加工。

2.3　双资源约束下柔性作业车间调度问题

2.3.1　双资源约束下柔性作业车间调度研究现状

在 FJSP 的基础上，除考虑对机器的调度外，同时考虑工人的调度，即为双资源约束下柔性作业车间调度问题[5]（Dual Resource Constrained Flexible Job Shop Scheduling Problem，DRCFJSP），它由分配机器资源到各工序、分配工人资源到各工序、安排多个工件的工序的具体起始加工时间三个子调度组成。

Da Silva 等[6]针对 DRCFJSP，考虑工人培训、对工作量的法律限制和劳动力规模，建立了一个多准则的混合整数线性规划模型。Wirojangud 等[7]以最小化总成本为目标，对每组技能水平的工人的雇佣、解雇和交叉培训的数量进行优化的混合整数规划模型。Lei 和 Guo[8]用四染色体编码 DRCFJSP，并提出使用两种变邻域算子的一种可变邻域搜索（Variable Neighborhood Search，VNS）算法来求解。Zhang 等[9]引入可变邻域结构的模拟退火算法提高局部搜索能力，提出了一种多目标混合粒子群算法来求解以生产周期和生产成本最小化为目标的 DRCFJSP。Gao 等[10]提出一种随机多种群微迁移候鸟优化算法来求解包括机器和工人在内的多种资源约束下的 FJSP；Zhong 等[11]提出基于压缩时间窗的调度策略和一种含精英进化策略和扇形轮盘算子的分支种群遗传算法来求解复杂生产环境下的 DRCFJSP；Zhang 等[12]建立了考虑资源柔性的 DRCFJSP 模型，并提出一种混合离散粒子群优化算法进行求解；关叶青等[13]全面考虑了生产过程中涉及的各项成本，构建柔性作业车间制造资源动态分配模型，并设计基于遗传算法的模型求解方法；曹磊等[14]针对存在异质性员工的多目标柔性作业车间调度问题，构建了具有 Dejong 学习效应的调度模型，并提出变邻域杂草算法求解该问题；Wu 等[15]建立了考虑员工学习能力的 DRCFJSP 模型，并提出一种混合遗传算法求解该问题；Wang 等[16]建立了平均生产率和平均生产周期约束下的 DRCFJSP 数学模型和仿真模型，设计了多智能体系统，研究了缓冲区个数对系统容量的影响；Kress 等[17]建立了考虑次序相依准备时间的 DRCFJSP 模型，提出了基于精确启发式分解的求解方法。

在前人工作的基础上，Sethi[18]对制造系统中的所有柔性做出了归纳和定义，这些定义被普遍接受，其中工艺规划要处理工序顺序柔性（Operation Flexibility，OF）和加工路线柔性（Routing Flexibility，RF），车间调度要处理机器柔性（Machine Flexibility）和产品柔性（Product Flexibility，PF）。"Chryssolouris 等[19-20]提出将工艺规划与车间调度这两个连接产品设计与制造过程的重要环节放在一起进行优化，即工艺规划与车间调度集成优化（Integrated Process Planning and Scheduling，IPPS）。

Zhang 等[21]建立根据订单明细和制造系统状态的动态 IPPS 模型，并提出一种目标编码遗传算法；Petrović 等[22]建立了包含机器、刀具、刀具进入位置、工艺路径和加工顺序五种柔性的 IPPS 模型并提出一种混沌粒子群优化算法进行求解；Jin 等[23]建立了工序加工时间不确定的 IPPS 模型，并提出一种模因算法进行求解；黄学文等[24]在柔性工序块的基础上提出了一种工序顺序柔性描述方法并证明该方法在描述工序顺序柔性上具有目前最好的完备性；Jin 等[25]通过引入面向网络图的约束，建立了能表达网络图中柔性的四种 IPPS 混合整数规划模型；Sobeyko 等[26]建立了考虑各工艺路径的物料清单的 IPPS 混合整数规划模型，并设计了一种基于对工艺规划层变邻域搜索的迭代解法；Luo 等[27]提出一种基于免疫原理与外部档案的遗传算法求解 IPPS。Liu 等[28] 提出了一种量子启发混合算法来求解动态生产系统中的 IPPS；Shokouhi 等[29] 用工序间的优先约束关系表示工序顺序柔性建立 IPPS 模型，并提出一种基于遗传算法的求解方法；Zhang 等[30] 提出了一种针对 IPPS 的改进蚁群算法，并为蚁群算法在 IPPS 问题上的参数整定提供了一般性的指导；Ba 等[31] 建立了成批生产的 IPPS 模型，并提出一种粒子群算法进行求解；Li 等[32] 以区间数表示不确定的处理时间建立了一种不确定 IPPS 模型，并采用基于遗传算法和粒子群算法的混合算法求解该模型。

上述研究中，一些学者只考虑了工艺规划中的一种柔性，用先生成所有可能的工艺路径再进行编码的方式求解工艺规划中同时存在两种柔性的 IPPS，但这种编码丢失了许多工艺路径相互之间可能存在的关系，且有时工艺路径数量可能偏大，另一些学者直接基于有向图建模和编码。

2.3.2　问题描述

人员的招聘和辞退都会消耗时间成本和管理成本，为在需求波动时可以快速调整生产计划而不需要招聘和辞退工人，当今一些柔性化生产车间会聘用可以操作多种机器和完成多道工序的工人，即多能工，如图 2.3 所示。这样，柔性生产车间中还存在 W 名工人，车间调度不仅要安排机器资源，同样要安排工人资源。

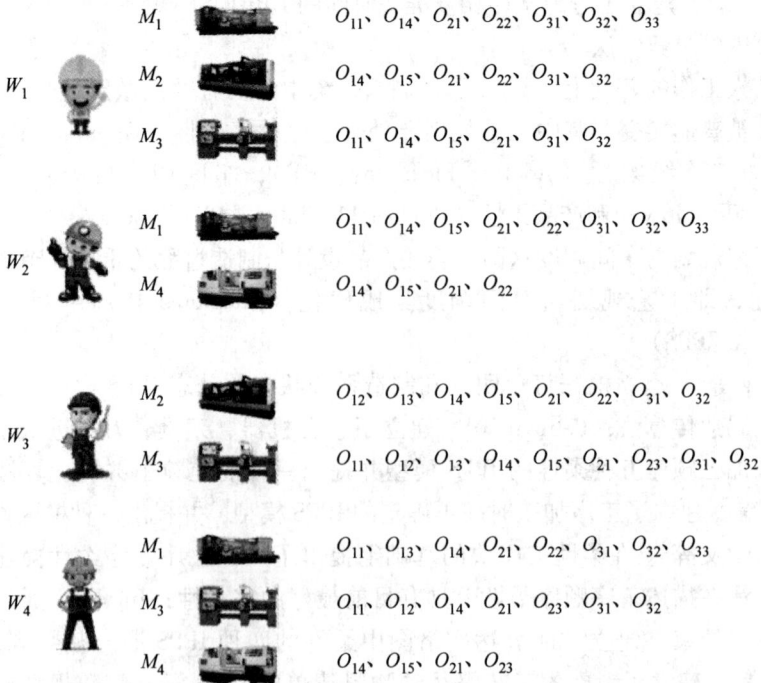

图 2.3　双资源约束下柔性作业车间调度问题

2.3.3 符号定义

DRCFJSP 在 FJSP 已有符号定义外,加入以下符号:

v 为工人下标,W_v 为一名工人;

t_{iepv}、t_{jfpv} 为 W_v 在 M_p 上加工工序 O_{ie}、O_{jf} 的用时;

$$S_{vpie} = \begin{cases} 1, & W_v \text{ 拥有在 } M_p \text{ 上加工工序 } N_{ie}^0 \text{ 的技能} \\ 0, & \text{否则} \end{cases}$$

DRCFJSP 加入以下决策变量:

$$x_{iev}、x_{jfv} = \begin{cases} 1, & W_v \text{ 加工工序 } O_{ie}、O_{jf} \\ 0, & \text{否则} \end{cases}$$

2.3.4 数学模型

DRCFJSP 中加入了工人因素,其目标函数一般仍为 FJSP 中的目标函数,其中 $C_{\max}$、$\bar{C}$、$F_{\max}$、$\bar{F}$、Tar_{sum}、$\overline{Tar}$、$Tar_{\text{weightsum}}$ 的表达式不变,$Load_T$、$Load_C$、E 的表达式分别变为式(2.19)~式(2.21)。

$$Load_T = \sum_{1 \le v \le w} \sum_{1 \le p \le m} \sum_{1 \le i \le n} \sum_{1 \le e \le L_i} x_{iep} x_{iev} t_{iepv} \qquad (2.19)$$

$$Load_C = \max_{1 \le p \le m} \left(\sum_{1 \le v \le w} \sum_{1 \le i \le n} \sum_{1 \le e \le L_i} x_{iep} x_{iev} t_{iepv} \right) \qquad (2.20)$$

$$E = \sum_{v=1}^{w} \sum_{p=1}^{m} \sum_{i=1}^{n} \sum_{e=1}^{L_i} x_{iep} x_{iev} P_p t_{iepv} \qquad (2.21)$$

DRCFJSP 的约束条件保留了 FJSP 的约束条件,其中式(2.14)、式(2.15)和式(2.18)形式不变,式(2.16)和式(2.17)在加入向工人派发任务的决策变量 x_{iev} 后分别变为式(2.22)和式(2.23)。

$$eT_{ie} - sT_{ie} = \sum_{p=0}^{m} \sum_{s=1}^{w} t_{iepv} x_{iev} x_{iep}$$

$$\forall i,e; \quad i=1,2,\cdots,n; \quad e=1,2,\cdots,L_i \qquad (2.22)$$

$$\sum_{v=1}^{w} \sum_{p=1}^{m} \sum_{i=1}^{n} \sum_{e=1}^{L_i} x_{iep} x_{iev} [1 - S_{vpie}] = 0 \qquad (2.23)$$

另外 DRCFJSP 中新加入式(2.24)和式(2.25)两个资源约束。

$$\sum_{v=1}^{w} x_{iev} = 1$$

$$\forall i,e; \quad i=1,2,\cdots,n; \quad e=1,2,\cdots,L_i \qquad (2.24)$$

$$(sT_{jf} - eT_{ie}) x_{iev} x_{jfv} \ge 0 \vee (sT_{ie} - eT_{jf}) x_{ifv} x_{jev} \ge 0$$

$$\forall i,j,e,f; \quad i,j=1,2,\cdots,n; \quad e=1,2,\cdots,L_i; \quad f=1,2,\cdots,L_j \qquad (2.25)$$

式(2.24)确保一道工序只选一名工人完成。式(2.25)确保一名工人同一时间只加工一道工序，若 O_{ie} 和 O_{jf} 为同为工人 v 加工的工序，公式左侧和右侧分别表示了 O_{ie} 在 O_{jf} 前和 O_{jf} 在 O_{ie} 前的情况。

2.4　工艺规划中的关键柔性

工艺规划主要需要处理加工路径柔性和工序顺序柔性。加工路径柔性是指一种工件的某个或某些工序可由其他替代工序来完成，使得工件存在多种工艺路径；工序顺序柔性是指（多余一个"部分工序之间"）部分工序之间无先后顺序的约束。

工序顺序柔性一般可概括为三种类型[33]：T1 为一段工序段中无先后顺序约束的并行工序；T2 为有序工序段内存在活动工序，可以改变在有序工序段中的位置；T3 为有序工序段内有活动的并行工序段，其为 T1 和 T2 的组合。

一般有下面几种图示可以表示加工路径柔性和工序顺序柔性这两种柔性。

（1）产品工艺网络。图 2.4 和图 2.5 分别为用来描述加工路径柔性和工序顺序柔性的产品工艺网络。

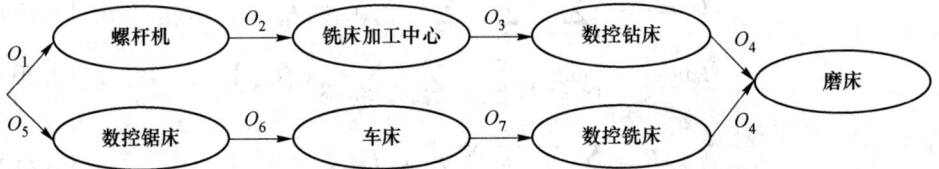

图 2.4　表示加工路径柔性的产品工艺网络

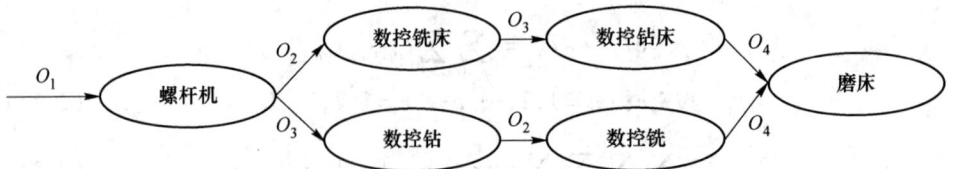

图 2.5　表示工序柔性的产品工艺网络

可以看到产品工艺网络中，表示工序顺序柔性的方式是先将其转为加工路径柔性，所以当一段工序段内可变顺序的工序较多时，用产品工艺网络来表示将会很复杂。

（2）*AND-OR* 有向图。图 2.6 为描述加工路径柔性和工序顺序柔性的 *AND-OR* 有向图。

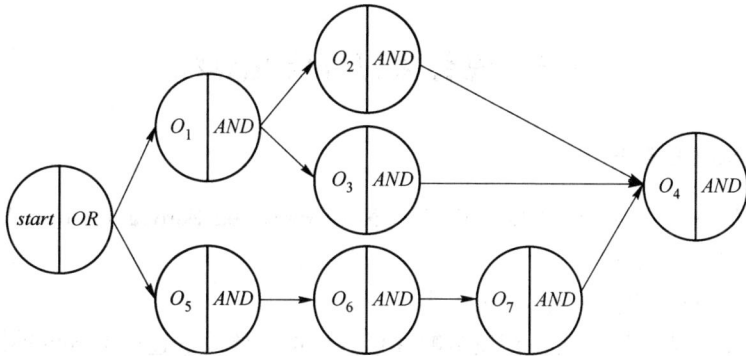

图 2.6 AND-OR 有向图

除起始节点外，AND-OR 有向图的每个节点是工序，AND 表示该节点后的工序均需要完成，描述的是工序顺序柔性，OR 表示节点后的工序只需选取一个完成，描述的是加工路径柔性，箭头表示加工顺序约束，箭头后的工序必须在箭头前的工序完成之后开始加工。AND-OR 有向图可以描述加工路径柔性和所有工序顺序柔性。由于 AND-OR 有向图是通过对各工序标注 AND 或 OR 来说明后续工序的柔性，所以虽然从图上可以清晰表现工艺规划中的关键柔性，但如果基于 AND-OR 有向图对其进行数学描述，则只能描述各工序紧邻后续工序的情况，无法直接表示各条支路径的关系和支路径中工序的关系。

（3）有向无环图。图 2.7 为描述加工路径柔性和工序顺序柔性的有向无环图（Directed Acyclic Graph，DAG），一般称有向无环图为 Dag 图。

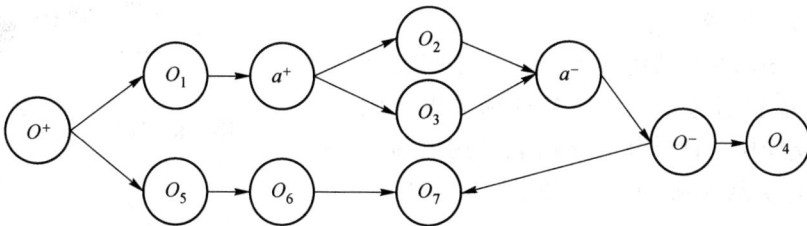

图 2.7 有向无环图

在描述工艺规划中的两种关键柔性时，Dag 图中引入了虚拟节点 O^+、O^-、a^+、a^-，从虚拟的源节点 a^+ 到汇节点 a^- 之间的每条分支路径都要加工，从虚拟的源节点 O^+ 到汇节点 O^- 之间的分支路径只需选择一条进行加工。通过引入虚拟节点，Dag 图直接描述了各分支加工路径间的关系，但因为各虚拟节点没有编号，只有和、或关系的信息，所以将 Dag 图转为数学语言时，很难定位虚拟节点。

2.5　现有多目标优化算法

2.5.1　NSGA Ⅱ算法

第一代非支配排序的遗传算法（Non-Dominated Sorting Genetic Algorithm，NSGA）存在以下缺陷：

（1）非支配排序的时间复杂度大；

（2）不支持精英策略，精英策略在保持好的个体及加速向 Pareto 前沿收敛方面都有很好的表现；

（3）需要自己指定共享参数，该参数将对种群的多样性产生很大的影响。

快速带精英策略的非支配排序的遗传算法（Non-Dominated Sorting Genetic Algorithm，NSGA Ⅱ）是在 NSGA 的基础上，使用快速非支配排序方法（Fast Non-Dominated Sorting，FNDS）和拥挤距离来筛选种群。

其中，快速非支配排序方法可将种群中的个体分归不同非支配等级（Non-Dominated Rank，NDR）。

NSGA Ⅱ中的拥挤距离（Crowding Distance）表示的是个体的分散层度，理论上以一个个体相邻个体间的欧式距离作为其拥挤距离，如图 2.8 所示，但实际上其很难确定每个个体的相邻个体，实际计算中拥挤距离为个体在每个目标函数上相邻的两个个体在该目标函数上的距离差的和。

当 NSGA Ⅱ筛选优秀个体时，按 NDR 从低到高逐层筛选个体，当筛选到关键层时（该非支配层个体数量大于所剩筛选名额），按拥挤距离从大到小筛选个体。

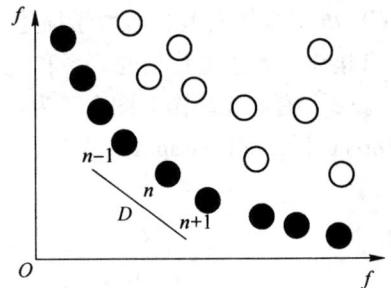

图 2.8　拥挤距离

2.5.2　NSGA Ⅲ算法

在面对三个及其以上目标的多目标优化问题时，NSGA Ⅱ中基于拥挤距离的排序方式作用不明显，故 Deb 和 Jain[34-35] 将之替换为基于参考点的方法（Reference-Point-Based Method，RPBM），提出了非支配排序的遗传算法的第三个版本（Non-Dominated Sorting Genetic Algorithm，NSGA Ⅲ）。

RPBM 步骤如下：

（1）找到每个维度的极端点，并根据所有维度的极端点确定一个超平面，得到超平面在各目标函数的截距，如图 2.9 所示。f_1、f_2、f_3 是目标函数，z_{max}^1、

$z_{\max}^2$、$z_{\max}^3$ 为极端点，a_1、a_2、a_3 为截距。

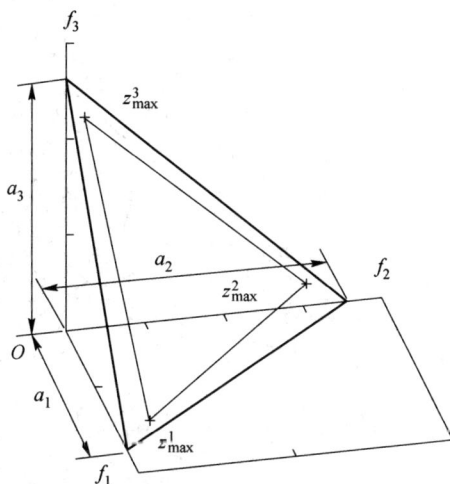

图2.9　极端点、超平面和截距

（2）用式（2.26）对目标值归一化。

$$f_i'(x) = \frac{f_i(x) - \min\_f_i}{a_i - \min\_f_i} \tag{2.26}$$

式中，$f_i(x)$、$f_i'(x)$ 分别为目标函数 f_i 在任一解 x 处归一化前和归一化后的值；$\min\_f_i$ 为解集中目标函数 f_i 的最小值，a_i 为截距。

（3）设定一系列参考点和参考线（参考点到原点的连线），如图2.10所示。

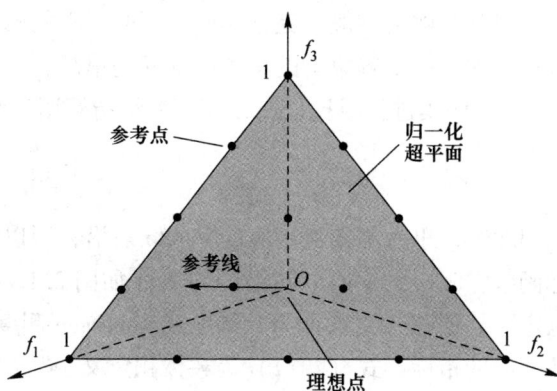

图2.10　参考点和参考线

（4）将已在种群中的解关联到参考点（选距离其最近的参考线对应的参考点关联），如图2.11所示。

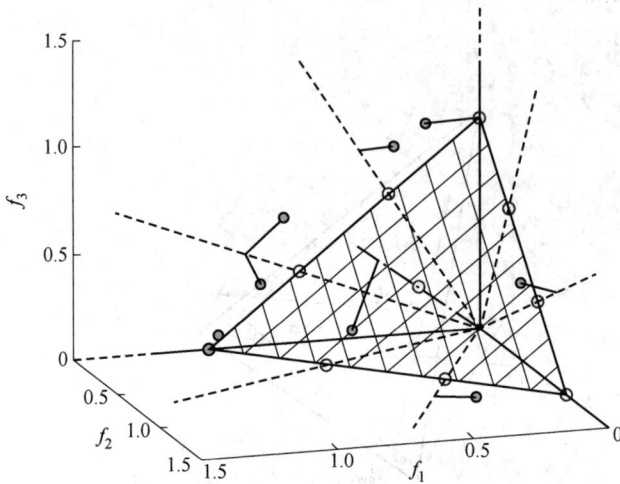

图 2.11   关联参考点

(5) 按参考点关联解数目，从小到大选择参考点在关键层的关联解加入种群。

2.6   解集对比的常用指标

在求解离散的多目标优化问题时，一般很难获得 Pareto 最优解集，只能通过启发式算法等得到一些在解空间中尽量靠近 Pareto 前沿的可行解，不同算法或相同算法不同参数下所得到的解集一般不完全相同，同时所得的解集一般不会出现一个解集中的所有解都被另一个解集中的某些解支配的情况，由于无法直接通过 Pareto 支配关系对得到的解集进行对比，所以需要一组指标用于对比这些解集。

2.6.1   超体积

由于解决实际问题时，事先不知道真实的 Pareto 前沿，所以不能用算法所求解集中的解在目标函数空间中到 Pareto 前沿的距离（如图 2.12 所示）来判断算法的收敛性，所以定义超体积（又被称为 S 测度或 Lebesgue 测度，Hypervolume）作为对比算法收敛性能的指标，式（2.27）为超体积定义。

$$H = \lambda \left(\bigcup_{X \in A} \bigcup_{0 \leqslant i \leqslant p} \{ h \mid f_i(X) < h < ref_i \} \right) \tag{2.27}$$

式中，λ 为 Lebesgue 测度；p 为目标函数个数；X 为决策变量的集合；A 为可行解集合；$f_i(X)$ 为决策变量取 X 时的目标函数值；ref_i 为参考点在目标函数 f_i 上的值。Lebesgue 测度所得的是超几何体的体积，作为指标的超体积所取的就是解集中所有解在解空间中与参考点所围出的超长方体叠在一起构成的超几何体的体积。对于两个目标的多目标问题,超体积即为解集中所有解在解空间中与参考点所围出的矩形叠在一起的区域的面积,如图 2.13 所示。超体积越大,算法所得解集在解空间离真实的 Pareto 前沿就越近。

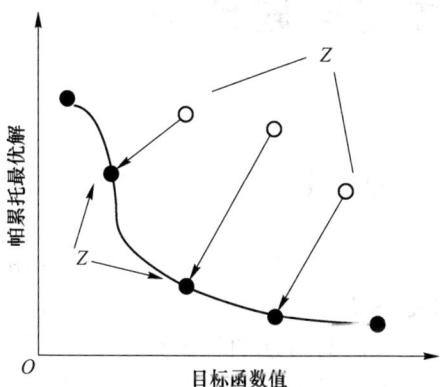

图 2.12　收敛性指标

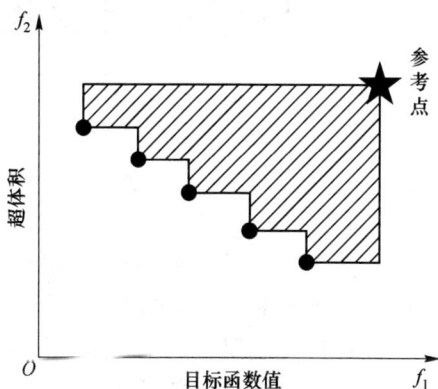

图 2.13　超体积

2.6.2　分布度和延展度

分布度[36]衡量的是算法所得的解集中解的分布是否均匀,延展度[37]越大说明解的分布越广,解集越均匀,对解空间地占据就越充分,对于对各目标重视程度不同的各种决策者来说,更容易选出满意的解。分布度(distribution)和延展度(extensibility)的定义分别见式(2.28)和式(2.29)。

$$D = -\sqrt{\sum_{j=1}^{N} (d^* - d_j(X))^2 / (N-1)} \qquad (2.28)$$

$$E = \sqrt{\sum_{i=1}^{m} (\max_{j=1}^{N} f_i(X_j) - \min_{j=1}^{N} f_i(X_j))^2} \qquad (2.29)$$

式(2.28)中 $d(X_j)$ 为可行解 X_j 的拥挤距离,拥挤距离为该解在解空间中相邻两个解之间的欧式距离(若解正好在边缘,拥挤距离一般定义为无穷,但求分布度时可不考虑该解), d^* 为拥挤距离的平均值,前面取负号为统一三个衡量指标均与算法的好坏成正相关。式(2.29)中, $\max_{j=1}^{N} f_i(X_j)$ 和 $\min_{j=1}^{N} f_i(X_j)$ 分别为解集中所有解在第 i 个目标函数所取的最大值和最小值,统计的是处于各目标函数值边缘的解之间的距离关系。

3 双资源约束下工艺规划与车间调度集成优化问题建模

3.1 AND-OR 节点图

如图 3.1 所示，工序顺序柔性和加工路径柔性多重嵌套时，虽可以用 AND-OR 有向图和 Dag 图表示，但在其基础上不便于用数学语言进行描述和对工艺路径进行编码，通常在这种情况下，先生成所有可能的工艺路径，再进行讨论，但这就掩盖了各可能工艺路径之间的关系，不便于用启发式算法解决问题。对此，本书提出了 AND-OR 节点图来描述工艺规划中的关键柔性，如图 3.2 所示。

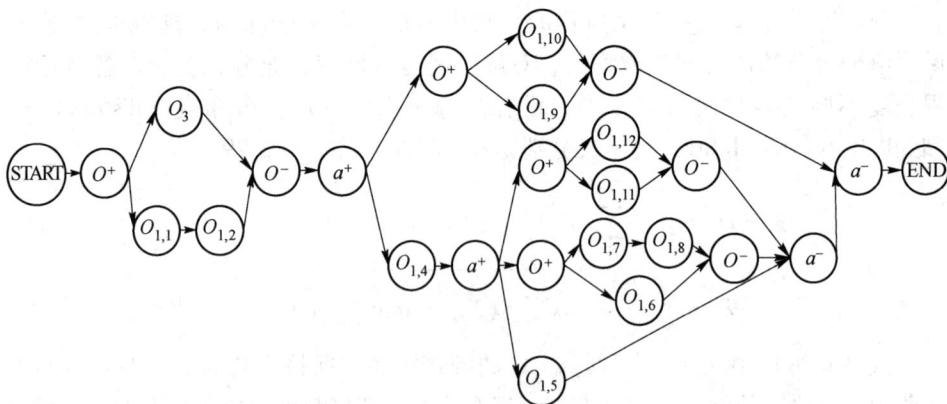

图 3.1 工序顺序柔性和加工路径柔性多重嵌套

AND-OR 节点图基本结构与 Dag 图相同，将虚拟的源节点和汇节点换为 AND 节点和 OR 节点并对其进行编号。若要用数学语言描述 AND-OR 节点图，可以先对图中 AND 节点和 OR 节点下的子路径进行编号，如图 3.3 所示。

AND 节点或 OR 节点可由其直接子路径构成的无序集合表示，如 $OR_{1,1} = \{SUB_{1,1}, SUB_{1,2}\}$，$AND_{1,1} = \{SUB_{1,3}, SUB_{1,4}\}$；主路径和子路径均可由工序和节点

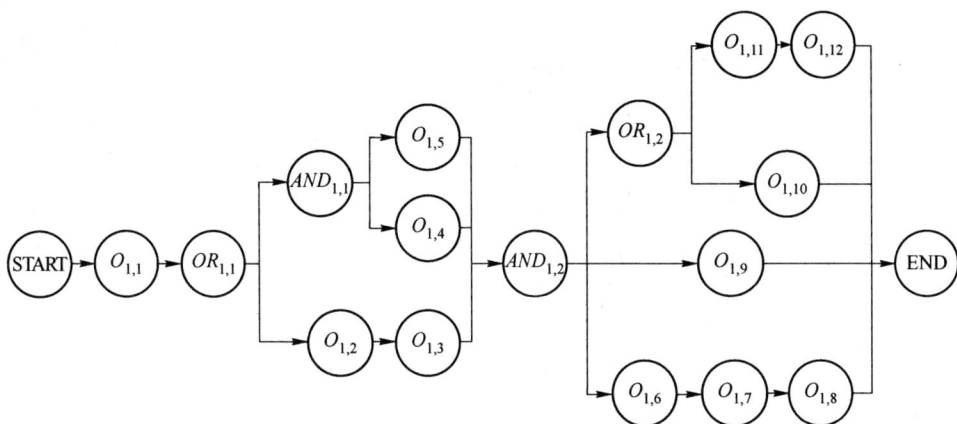

图 3.2 *AND-OR* 节点图

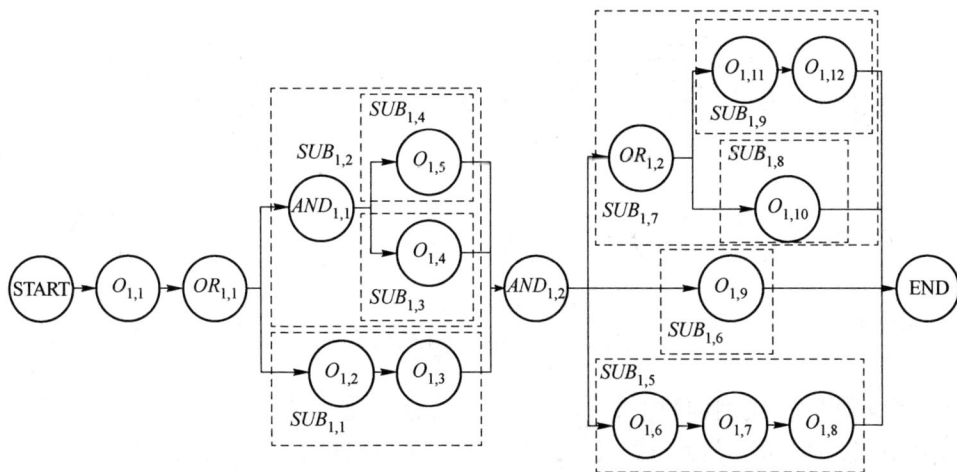

图 3.3 *AND-OR* 节点图（子路径编号）

构成的有序集合表示，如 $MAIN_1 = \{O_{1,1}, OR_{1,1}, AND_{1,2}\}$，$SUB_{1,1} = \{O_{1,2}, O_{1,3}\}$，$SUB_{1,2} = \{AND_{1,1}\}$。这样一个工件的所有可能工艺路径可用由所有工序的集合 SO，所有 *AND* 节点的集合 $SAND$，所有 *OR* 节点的集合 SOR 和主路径 $MAIN$ 表示，如 $J_1 = \{SO_1 = \{O_{1,1}, O_{1,2}, \cdots, O_{1,12}\}$，$SAND_1 = \{AND_{1,1}, AND_{1,2}\}$，$SOR_1 = \{OR_{1,1}, OR_{1,2}\}$，$MAIN_1 = \{O_{1,1}, OR_{1,1}, AND_{1,2}\}\}$。

通过规划工件各 *AND* 节点和 *OR* 节点下的工艺路径，可以获得整体工艺路径，如图3.4和图3.5所示。

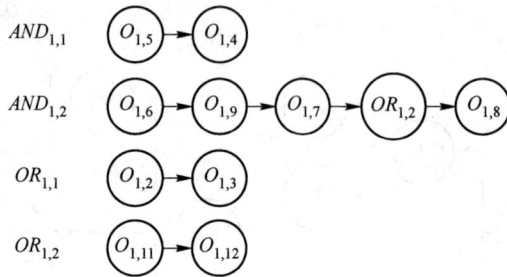

图3.4 各 AND 节点和 OR 节点所规划的工艺路径

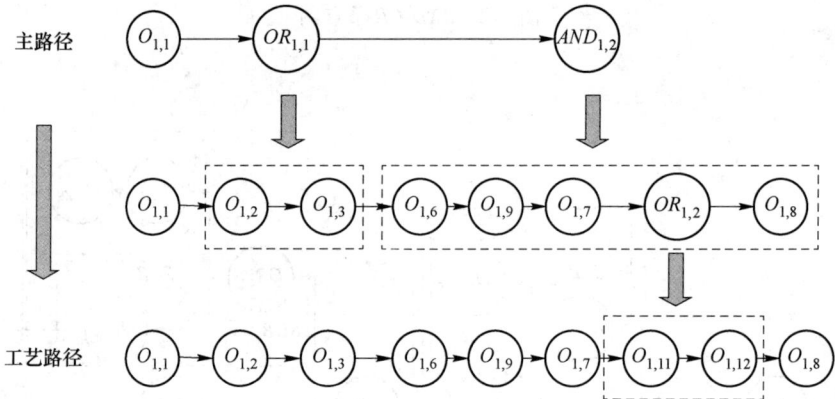

图3.5 工艺路径生成图示

为方便数学模型的建立，这里定义在已经确定工艺路径进入生产环节后，AND 节点、OR 节点及各子路径的开始时间和完成时间。各子路径的开始时间和完成时间分别为子路径中第一个节点的开始时间和最后一个节点的完成时间；AND 节点的开始时间和完成时间分别为其下所有子路径的最早开始时间和最晚完成时间，OR 节点的开始时间和完成时间分别为其下所选子路径的开始时间和完成时间。

基于 AND-OR 节点图，本书提出一种对工艺规划中关键柔性的数组描述。如图3.6为图3.3中 AND-OR 图的数组表示。

图3.6中表示主路径或子路径的有序数组中的元素为二元数 (g, e)，其中 g 表示节点种类，g 为0，1，2分别表示节点为工序、AND 节点、OR 节点；e 为节点序号，该序号表示 AND 节点或 OR 节点的数组中子路径序号。

$MAIN_1$	(0,1)	(2,1)	(1,2)

$SUB_{1,1}$	(0,2)	(0,3)

$SUB_{1,2}$	(1,1)

$SUB_{1,3}$	(0,4)

$SUB_{1,4}$	(0,5)

$SUB_{1,5}$	(0,6)	(0,7)	(0,8)

$SUB_{1,6}$	(0,9)

$SUB_{1,7}$	(2,2)

$SUB_{1,8}$	(0,10)

$SUB_{1,9}$	(0,11)	(0,12)

$AND_{1,1}$	3	4

$AND_{1,2}$	5	6	7

$OR_{1,1}$	1	2

$OR_{1,2}$	8	9

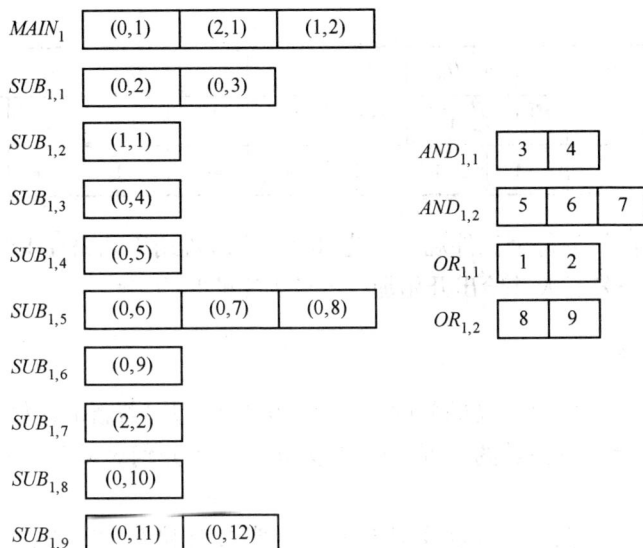

图 3.6 *AND-OR* 图数组表示

3.2 双资源约束下协同优化建模

3.2.1 问题描述

双资源约束下工艺规划与车间调度集成优化问题（Dual Resource Constrained Integrated Process Planning and Scheduling，DRCIPPS）模型中有 n 个工件、m 台机器、W 名工人。每个工件的加工工艺均有 2.4 节中描述的加工路线柔性和工序顺序柔性。各工人所会操作的机器和所会加工的工序不同，不同工人使用相同机器加工相同工序的时间也可能不同，若所有工件共有 x 道工序，则每名工人 W_i 都对应一个 m 行 x 列的二进制技能矩阵 S_i，矩阵 S_i 第 p 行中第 a 列的元素为工人 W 操作机器 M_p 完成第 a 列所对应的工序的耗时，若元素为 -1 则表示工人没有该技能，表 3.1 所示为图 2.3 中工人 W_1 的技能矩阵 S_1。技能矩阵可表示车间生产中所有情况下工人的技能特点，当工人通过培训学习了新的技能，可改变原有技能矩阵的元素，当增添新的机器或有新型工件需要生产可扩充该矩阵。

表 3.1 工人 W_1 的技能矩阵 S_1

项目	O_{11}	O_{12}	O_{13}	O_{14}	O_{15}	O_{21}	O_{22}	O_{23}	O_{31}	O_{32}	O_{33}
M_1	11	-1	-1	17	-1	19	21	-1	7	18	21
M_2	-1	-1	-1	16	14	17	24	-1	9	17	-1

项目	O_{11}	O_{12}	O_{13}	O_{14}	O_{15}	O_{21}	O_{22}	O_{23}	O_{31}	O_{32}	O_{33}
M_3	10	-1	-1	15	12	18	22	-1	8	15	-1
M_4	-1	-1	-1	-1	-1	-1	-1	-1	-1	-1	-1

DRCIPPS 需要为每个工件规划工艺路径，为所规划工艺路径上的每道工序指定一台机器和一名工人并给出开始加工该道工序的时间。

3.2.2 符号定义

在 DRCFJSP 中符号定义的基础上，DRCIPPS 模型中需新加入如下符号定义：

g、h 为表示节点种类的上标，g、h 为 0、1、2 分别表示节点为工序、AND 节点、OR 节点；

e、f 为节点下标，N_{ie}^g、N_{if}^h 分别为 J_i 的 g 类节点和 h 类节点，N_{ie}^0、N_{jf}^0 为 J_i、J_j 的工序，N_{ie}^1 为 J_i 的 AND 节点；

L_i^g、L_i^h 分别为 J_i 的 g 类节点和 h 类节点的总数，L_i^0、L_j^0 分别为 J_i、J_j 的工序总数；

q 为子路径的下标，SUB_{iq} 为 J_i 的子路径；

Q_i 为 J_i 的工艺中所有子路径的总数；

Q_{ie}^1、Q_{ie}^2 分别为 AND 节点 N_{ie}^1 和 OR 节点 N_{ie}^2 直接子路径的个数；

p、r 为机器下标，M_p、M_r 为两台不同的机器；

v 为工人下标，W_v 为一名工人；

t_{iepv}、t_{jfpv} 为 W_v 在 M_p 上加工工序 N_{ie}^0、N_{jf}^0 的用时；

P_p 为 M_p 加工工序时单位时间的能耗；

$$S_{vpie} = \begin{cases} 1, & W_v \text{ 拥有在 } M_p \text{ 上加工工序 } N_{ie}^0 \text{ 的技能；} \\ 0, & \text{否则} \end{cases}$$

$$F\left(N_{ie}^g、N_{jf}^h\right) = \begin{cases} 1, & \text{在主、子路径中节点 } N_{ie}^g \text{ 需要在 } N_{jf}^h \text{ 前完成；} \\ 0, & \text{否则} \end{cases}$$

$$\delta_{ie}^g = \begin{cases} 1, & \text{节点 } N_{ie}^g \text{ 在主路径中；} \\ 0, & \text{否则} \end{cases}$$

$$\delta_{ieq}^g = \begin{cases} 1, & \text{节点 } N_{ie}^g \text{ 在子路径 } SUB_{iq} \text{ 中；} \\ 0, & \text{否则} \end{cases}$$

$$\sigma_{iqe}^g、\sigma_{iqe}^1、\sigma_{iqe}^2 = \begin{cases} 1, & SUB_{iq} \text{ 在节点 } N_{ie}^g、N_{ie}^1、N_{ie}^2 \text{ 下；} \\ 0, & \text{否则} \end{cases}$$

sT_{ie}^g、sT_{jf}^g、sT_{ie}^0、sT_{if}^0 分别为节点 N_{ie}^g、N_{jf}^g、N_{ie}^0、N_{if}^0 的开始时间，eT_{ie}^g、eT_{jf}^g、

eT_{ie}^0、eT_{if}^0 分别为节点 N_{ie}^g、N_{jf}^g、N_{ie}^0、N_{if}^0 的结束时间；

sT_{iq}、eT_{iq} 分别为 SUB_{iq} 的开始时间和完成时间；

资源分配的决策变量改为：

$$x_{iep}、\ x_{jfp} = \begin{cases} 1, & M_p \text{ 加工工序 } N_{ie}^0、N_{jf}^0 \\ 0, & \text{否则} \end{cases}$$

$$x_{iev}、\ x_{jfv} = \begin{cases} 1, & M_v \text{ 加工工序 } N_{ie}^0、N_{jf}^0 \\ 0, & \text{否则} \end{cases}$$

加入工艺规划的决策变量：

$$y_{ie}^g、\ y_{ie}^0、\ y_{ie}^1 = \begin{cases} 1, & N_{ie}^g、N_{ie}^0、N_{ie}^1 \text{ 在规划的工艺路径中} \\ 0, & \text{否则} \end{cases}$$

$$z_{iq} = \begin{cases} 1, & SUB_{iq} \text{ 在规划的工艺路径中；} \\ 0, & \text{否则} \end{cases}$$

3.2.3 数学模型

DRCIPPS 数学模型目标函数分别为最小化最大完工时间、总耗能和工人工时方差。其中，工人工时方差为新提出的目标函数，符号为 V_{workload}，最小化该目标的目的为均衡工人的工作量，这对人力资源管理有重要的意义。式（3.1）~式（3.3）为目标函数的数学表达。

$$\min C_{\max} = \max_{1 \leq i \leq n} \left(\max_{1 \leq e \leq L_i^0} \left(eT_{ie}^0 y_{ie}^0 \right) \right) \tag{3.1}$$

$$\min E = \sum_{p=1}^m \sum_{i=1}^n \sum_{e=1}^{L_i} x_{iep} P_p t_{iep} \tag{3.2}$$

$$\min V = \operatorname*{Var}_{1 \leq v \leq w} \left(\sum_{p=1}^m \sum_{i=1}^n \sum_{e=1}^{L_i^0} y_{ie}^0 x_{iepv} t_{iepv} \right) \tag{3.3}$$

DRCIPPS 的约束条件如下：

（1）加工资源约束。

$$\sum_{p=1}^m x_{iep} = y_{ie}^0$$

$$\forall i,e; \quad i = 1,2,\cdots,n; \quad e = 1,2,\cdots,L_i^0 \tag{3.4}$$

$$\sum_{v=1}^w x_{iev} = y_{ie}^0$$

$$\forall i,e; \quad i = 1,2,\cdots,n; \quad e = 1,2,\cdots,L_i^0 \tag{3.5}$$

$$(sT_{jf}^0 - eT_{ie}^0) x_{iep} x_{jfp} \geq 0 \ \lor \ (sT_{ie}^0 - eT_{jf}^0) x_{ifp} x_{jep} \geq 0$$

$$\forall i,j,e,f; \quad i,j = 1,2,\cdots,n; \quad e = 1,2,\cdots,L_i^0; \quad f = 1,2,\cdots,L_j^0 \tag{3.6}$$

$$(sT_{jf}^0 - eT_{ie}^0) x_{iev} x_{jfv} \geq 0 \ \lor \ (sT_{ie}^0 - eT_{jf}^0) x_{ifv} x_{jev} \geq 0$$

$$\forall i,j,e,f;\quad i,j=1,2,\cdots,n;\quad e=1,2,\cdots,L_i^0;\quad f=1,2,\cdots,L_j^0 \qquad (3.7)$$

式 (3.4) 和式 (3.5) 分别表示在已规划工艺路径中的工序中选择且只选一台机器或一名工人完成；式 (3.6) 和式 (3.7) 分别表示一台机器或一名工人在同一时刻只加工一道工序。

(2) 加工匹配约束。

$$\sum_{v=1}^{N}\sum_{p=1}^{m}\sum_{i=1}^{n}\sum_{e=1}^{E(i)} x_{iep}x_{iev}\left[1-S_{vpie}\right]=0 \qquad (3.8)$$

式 (3.8) 表示指派给工人和机器的任务能够被完成。

(3) 加工时间约束。

$$eT_{ie}^0-sT_{ie}^0=\sum_{p=0}^{m}\sum_{s=1}^{w} t_{iepv}x_{iev}x_{iep}$$
$$\forall i,e;\quad i=1,2,\cdots,n;\quad e=1,2,\cdots,L_i^0 \qquad (3.9)$$

$$(sT_{iq}-sT_{ie}^g)\sigma_{iqe}^g\geqslant 0$$
$$\forall i,g,e,q;\quad i=1,2,\cdots,n;\quad g=1,2;\quad e=1,2,\cdots,L_i^g;\quad q=1,2,\cdots,Q_i \qquad (3.10)$$

$$eT_{ie}^g=\max_{1\leqslant q\leqslant Q_i}\left(eT_{iq}\sigma_{iqe}^g\right)$$
$$\forall i,g,l;\quad i=1,2,\cdots,n;\quad g=1,2;\quad e=1,2,\cdots,L_i^g \qquad (3.11)$$

$$(sT_{ie}^g-sT_{iq})\delta_{ieq}^g\geqslant 0$$
$$\forall i,g,e,q;\quad i=1,2,\cdots,n;\quad g=0,1,2;\quad e=1,2,\cdots,L_i^g;\quad q=1,2,\cdots,Q_i \qquad (3.12)$$

$$eT_{iq}=\max_{0\leqslant g\leqslant 2}\left(\max_{0\leqslant e\leqslant L_i^g}\left(eT_{ie}^g\delta_{ieq}^g\right)\right)$$
$$\forall i,q;\quad i=1,2,\cdots,n;\quad q=1,2,\cdots,Q_i \qquad (3.13)$$

式 (3.9) 表示工序开始时间和完成时间的关系；式 (3.10) 和式 (3.11) 表示各 AND 和 OR 节点开始和完成时间与其各直属子路径的关系；式 (3.12) 和式 (3.13) 表示各子路径开始和完成时间与其上各节点的关系。

(4) 工件完整约束。

$$sT_{if}^0-eT_{ie}^0\geqslant 0 \bigvee sT_{ie}^0-eT_{if}^0\geqslant 0$$
$$\forall i,e,f;\quad i=1,2,\cdots,n;\quad e,f=1,2,\cdots,L_i^0 \qquad (3.14)$$

式 (3.14) 表示一个工件在同一时刻只被加工一道工序。

(5) 路径选择约束。

$$\sum_{q=1}^{Q_i} z_{iq}\sigma_{iqe}^1=y_{ie}^1 Q_{ie}^1$$
$$\forall i,e;\quad i=1,2,\cdots,n;\quad e=1,2,\cdots,L_i^1 \qquad (3.15)$$

$$\sum_{q=1}^{Q_i} z_{iq}\delta_{iqe}^2=y_{ie}^2$$

$$\forall i,e;\quad i=1,2,\cdots,n;\quad e=1,2,\cdots,L_i^2 \tag{3.16}$$

$$y_{ie}^g=\delta_{ie}^g+z_{iq}\delta_{ieq}^g$$

$$\forall i,g;\quad i=1,2,\cdots,n;\quad g=0,1,2 \tag{3.17}$$

式（3.15）确保若一个 AND 节点被选入实际的工艺路径中，则其下的子路径被选入实际工艺路径的个数应等于 AND 节点下子路径的总个数，即表示在已规划工艺路径中的 AND 节点下子路径全部被选择；式（3.16）确保若一个 OR 节点被选入实际的工艺路径中，则其下的子路径被选入实际工艺路径的个数应为 1，即表示在已规划工艺路径中的 OR 节点下子路径有且只有一条被选择；式（3.17）表示被选择的子路径中的节点在已规划工艺路径中。

（6）加工顺序约束。

$$(sT_{if}^h-eT_{ie}^g)F(N_{ie}^g,N_{if}^h)\geqslant0$$

$$\forall i,g,e,f;\quad i=1,2,\cdots,n;\quad g,h=0,1,2;\quad e=1,2,\cdots,L_i^g;\quad f=1,2,\cdots,L_i^h \tag{3.18}$$

式（3.18）确保在主路径或子路径上若一个节点在另一个节点前面，则另一节点必须在该节点完成之后才能开始。

4　多目标启发式算法求解

4.1　双资源约束下工艺规划与车间调度集成优化问题编码

4.1.1　整数编码方案

基于相关数组表示可对所规划的工艺路径进行编码，图 4.1 为图 3.4 所规划工艺路径对应的编码。

$AND_{1,1}$	(0,5)	(0,4)			
$AND_{1,2}$	(0,6)	(0,9)	(0,7)	(2,2)	(0,8)
$OR_{1,1}$	(0,2)	(0,3)			
$OR_{1,2}$	(0,11)	(0,12)			

图 4.1　工艺路径编码

除对工艺路径进行编码外，还需要进行机器选择、工人指派和加工顺序的编码。机器选择和工人指派可由两个长度为工序总数，元素为工人和机器编号的有序数组表示，如图 4.2 所示；加工顺序可由长度为各工件最大可能加工工序数之和，元素为工序下标的有序数组表示，其中各工序下标的数量与其最大可能加工工序数相等，如图 4.3 所示。

	J_1												J_2							
机器选择	1	3	4	3	2	3	4	1	2	1	4	2	2	3	4	1	3	2	4	2
工人指派	3	5	2	3	1	4	4	1	2	1	4	5	5	2	3	1	2	5	4	5

图 4.2　机器选择和工人指派编码

加工顺序	1	2	2	1	1	2	1	1	2	1	1	2	2	1	1

图 4.3　加工顺序编码

解码时,可先解码出工艺路径,再将加工顺序上的工件编码按工艺路径换为具体的工序,按机器选择和工人指派编码为各工序安排机器和工人,最后按序根据约束确定各工序的起始时间和完成时间。

4.1.2 初始化机制

初始化机器选择和工人指派,可为各工序先随机选取可加工该工序的机器,再随机选取可操作所选机器加工该工序的工人;初始化加工顺序可向编码数组放入数目为最大可能加工工序数的工序下标,再随机打乱排列;初始化工艺路径编码的方法如图4.4所示。

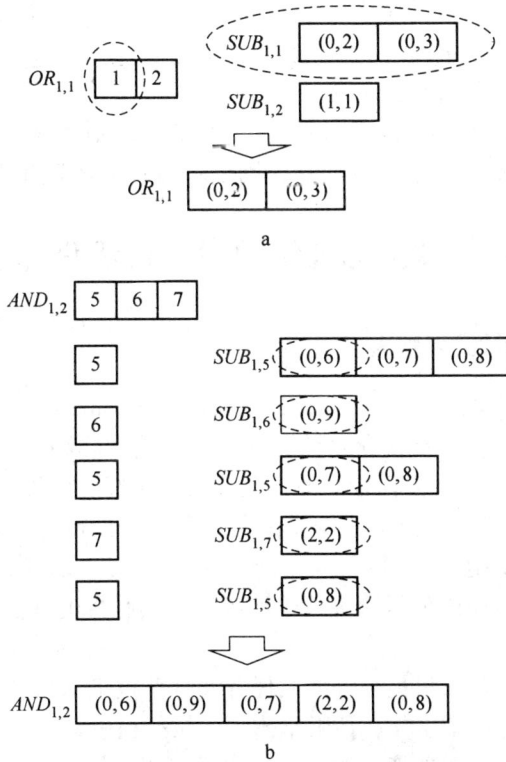

图4.4 工艺路径编码初始化

a—OR节点工艺路径编码初始化;b—AND节点工艺路径编码初始化

如果是 OR 节点,则随机选取其下的一条子路径;如果是 AND 节点,则每次随机选取其下仍有节点未安排的子路径,将其未安排节点中最前端的放入数组中。

4.1.3 交叉和变异算子

根据模型和编码的特点,设计以下交叉算子:

(1) 遴选1到数个位置,交换两个个体中机器选择和工人指派数组这些位置上的编码；

（2）遴选数个位置，对比 2 个个体编码加工顺序的数组在这些位置上的工件序号，再选取其他位置进行补充，使交换对应位置工件序号后，双方数组中各工件序号的总数不变；

（3）从 2 个个体所规划工艺路径中经历的 *AND* 节点和 *OR* 节点的交集中遴选一个 *AND* 节点或 *OR* 节点，交换其和其节点下 *AND* 节点和 *OR* 节点的工艺路径编码。

根据模型和编码的特点，设计以下变异算子：

（1）遴选 1 到数个位置，在确保工序可被完成的前提下，改变机器选择和工人指派数组这些位置上的编码；

（2）在加工顺序编码数组上，选择 2 个或数个包含不同工序序号的位置，交换这些位置上的工序序号；

（3）从 2 个个体所规划工艺路径中经历的 *AND* 节点和 *OR* 节点中遴选 1 个或数个 *AND* 节点或 *OR* 节点，若所选节点为 *OR* 节点，则将编码数组交换为该节点其他子路径，若所选节点为 *AND* 节点，则重新初始化该节点的编码。

4.2　多目标入侵肿瘤生长优化算法

4.2.1　入侵肿瘤生长优化算法

入侵肿瘤优化算法（Invasive Tumor Growth Optimization，ITGO）是 2015 年 Tang 等提出的新型群体智能优化算法，其在连续优化问题[38]、数据聚类问题[39]和云计算任务调度问题[38]方面较其他智能算法有较好的优势。

ITGO 是对肿瘤细胞生长、入侵、休眠、死亡 4 种行为的模拟。算法中将问题的解类比为生长细胞（pcell）、入侵细胞（icell）、休眠细胞（qcell）、死亡细胞（dcell）等，将适应度值类比为营养液浓度，细胞将朝着营养液浓度高的方向移动。

入侵细胞最为活跃，承担部分搜索任务及全部跳出局部最优解的任务；生长细胞承担绝大部分的搜索工作；休眠细胞缓慢执行搜索策略；死亡细胞由休眠细胞衰退形成，释放占据的计算资源。细胞之间可以相互转化。图 4.5 为 ITGO 的算法流程图，其中算法中"分裂"指复制一份原细胞为其他种类的细胞，"转化"指改变细胞的种类，生长和入侵过程根据问题而具体定义，一般在解决连续问题时入侵以 Levy 飞行的方式进行。将生长周期内保持不变的 Pcell 可能陷入局部最优解，让其分裂出 Icell 可避免算法陷入该解。

4.2.2　算法改进

多目标入侵肿瘤生长优化算法（Multi-Objective Invasive Tumor Growth Optimization，MOITGO）沿用 ITGO 的算法结构。

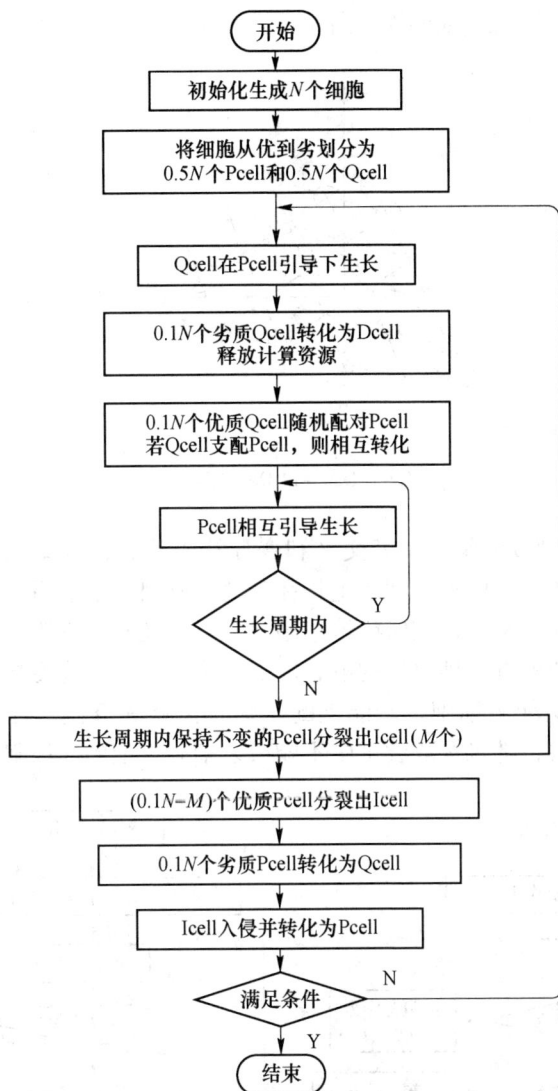

图 4.5 ITGO 算法流程图

因为在算法运行中会产生重复的细胞，故提出一种替换重复细胞的方法：将各细胞的解码结果逐个放入列表中，若某个细胞的解码结果已在列表中，则对其进行变异，直到其解码结果不在列表中。

算法中对细胞的分类和选取均采用 NSGA Ⅲ 中基于 FNDS 和 RPBM 的选择方法，其中 RPBM 的参考点采用达斯与丹尼斯的方法（Das and Dennis's method）[39] 生成。Das and Dennis's method 是最常用的系统采样方法，在 M 维解空间中的 M-1 维超平面上，Das and Dennis's method 可以很容易找到多个参考点，其在三维空间的应用十分直观，如图 4.6 所示。

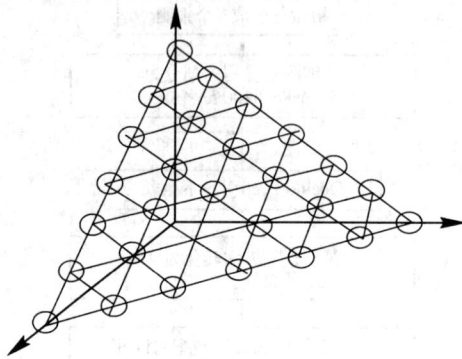

图 4.6　Das and Dennis's method

　　根据本书对 IPPS 的编码及其交叉和变异算子重新设计结果，细胞的生长方式和入侵方式如图 4.7 所示。细胞生长在其他细胞引导下进行，算法中表现为其他细胞的遗传因子交叉到该细胞或该细胞自身发生变异。细胞入侵为让细胞在远离细胞所处位置的地方找到更优的解，故对细胞进行大幅度变异，不断尝试新产生的细胞是否能支配老细胞，若能支配，则直接将其替换，若尝试多次不能支配，则退而求其次，随机选取尝试中不能被老细胞支配的新细胞替代老细胞。

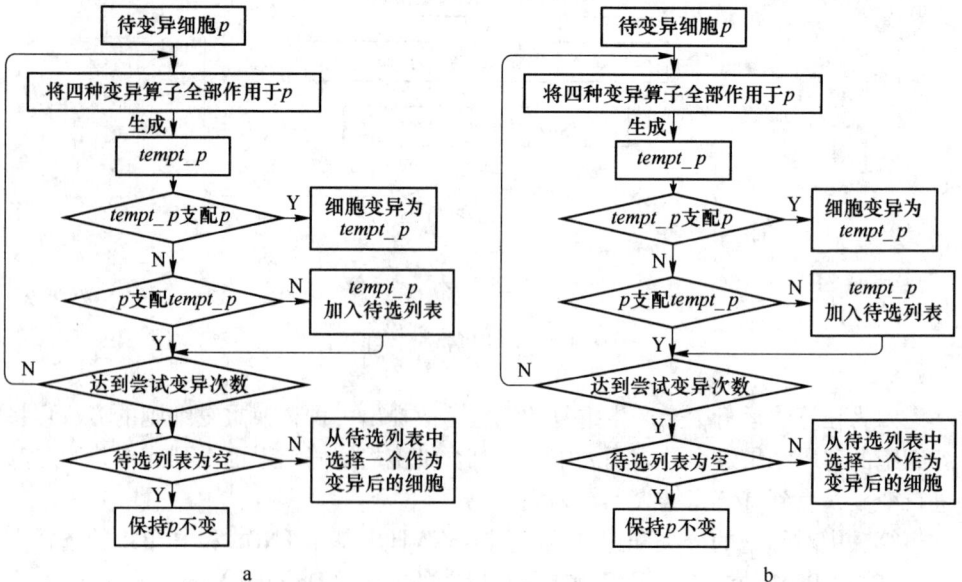

图 4.7　细胞的生长和入侵方式
a—生长；b—入侵

4.3 多目标回溯搜索算法

4.3.1 回溯搜索算法

回溯搜索算法（Backtracking Search Algorithm，BSA）是 Civiciaglu 于 2013 年提出的新型算法[40]，具有算法结构易于实现和兼顾全局勘探及局部开采能力的特点，具体步骤如下：

（1）初始化当前种群 P 和历史种群 $OldP$；

（2）选择 I，通过式（4.1）和式（4.2）更新历史种群。其中 a 和 b 为处于 [0，1] 均匀分布生成的随机数，$permuting()$ 指随机打乱种群中的个体；

$$OldP = \begin{cases} P, & a < b \\ OldP, & 否则 \end{cases} \tag{4.1}$$

$$OldP = permuting(OldP) \tag{4.2}$$

（3）变异，根据式（4.3）生成变异种群 $Mutant$，其中 F 是变异尺度系数，一般为（0，3）正态分布随机数；

$$Mutant = P + F \times (OldP - P) \tag{4.3}$$

（4）交叉，使用当前种群 P 和变异种群 $Mutant$，根据式（4.4）生成试验种群 V，式中 map 为随机生成的二进制整数矩阵，P_{ij}、$Mutant_{ij}$、map_{ij} 分别是种群 P 和种群 $Mutant$ 对应的矩阵和 map 中第 i 行第 j 列的元素；

$$P_{ij} = \begin{cases} P_{ij}, & map_{ij} = 1 \\ Mutant_{ij}, & 否则 \end{cases} \tag{4.4}$$

（5）选择 II，按式（4.5）将种群 V 中的个体更新到种群 P。V_i 和 P_i 是种群 P 和种群 V 中的个体；

$$P_i = \begin{cases} V_i, & f(V_i) < f(P_i) \\ P_i, & 否则 \end{cases} \tag{4.5}$$

（6）重复步骤（2）~步骤（5），直到满足算法的停止条件。

多目标回溯搜索算法（Multi-Objective Back Searching Algorithm，MOBSA）在沿用 BSA 算法结构的基础上根据多目标离散优化问题的特点做出了一些改进。

4.3.2 精英化历史种群

BSA 在变异步骤中使用历史种群引导当前种群进化，优质的历史种群可以更好地引导当前种群的进化。在解决单目标优化问题时，有学者使用历史种群中的最优个体来引导当前种群进化[41]。在多目标优化问题中并没有绝对意义上的最优个体，故本书提出使用多权重下最优个体精英化历史种群，再用其引导当前种群进化的方法。

为目标函数的集合 $f = \{f_1, f_2, \cdots, f_n\}$ 选取多种权重方案 $W_1, W_2, \cdots, W_m$，其中

$W_i = \{W_{i1}, W_{i2}, \cdots, W_{in}\}$，则可将多目标问题转为 n 个以 $F_i = f \cdot W_i$ 为目标函数的单目标问题。在历史种群中寻找每个单目标问题的最优个体构成一个最优个体集，并用之替换历史种群中其他个体，即可完成对历史种群的精英化，如图4.8所示。该过程既提升了历史种群的种群质量，同时保留了历史种群的多样性。

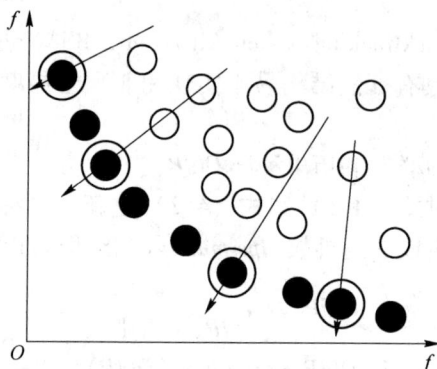

图4.8　精英化历史种群

4.3.3　离散化变异交叉过程

回溯搜索算法中的变异交叉过程是为连续优化问题设计的。本书引入前面整数编码对应的交叉算子，使该过程可以处理离散编码。将历史种群中的个体 *oldp* 与当前种群中的个体 *p* 配对交叉后，再选取一部分个体进行变异，之后所得到的种群即为试验种群。

在 BSA 的变异步骤中，变异尺度系数 F 可控制变异的幅度：选择大的 F 值，种群多样性提高，算法收敛速度降低，反之亦然。为了保证算法前期的种群多样性，同时提高算法中后期的收敛速度，有学者提出自适应变异尺度系数[42]，使 F 值随迭代次数减小。离散后的变异交叉过程不需要变异尺度系数，但可继承该思想，在算法前期，大概率交换大量基因，在算法后期大概率交换少量基因，具体使用式（4.6）确定交换的基因数。

$$n = \text{ceil}\left(\frac{N}{4} \times \text{rand}(0,1)^{0.5 + t/T}\right) \tag{4.6}$$

式中，n 为要交换的基因数；ceil( ) 为向上取整；N 为染色体长度；rand(0,1) 表示 0，1 之间均匀分布的随机数；t 为当前迭代次数；T 为常数；可设为预期迭代次数。

4.3.4　选择 II 的改进

在选择 II 阶段，MOBSA 采用 NSGA III 中基于 FNS 和 RPBM 的方式筛选个体进入当前种群，这种方法相较将当前种群和试验种群中的个体随机配对进行比较的方法，可以保留更多的较优解。

为加强算法的局域搜索能力和跳出局部最优解的能力，在当前种群更新后，对其中非支配等级高的个体和种群中重复的个体进行变异。将变异后的个体与之前的个体进行对比，若可以 Pareto 支配之前的个体，则将之替换。

4.4　数值实例测试

4.4.1　建立数值实例

由于 DRCIPPS 为新提出的问题，所以为测试算法求解 DRCIPPS 的性能需先建立数值实例。本书通过假设几个工件的工艺情况和对应的工人技能矩阵，再将各工件组合生产的方式建立数值实例，其中各工件的工艺情况见图 4.9 中的 *AND-OR* 节点图。

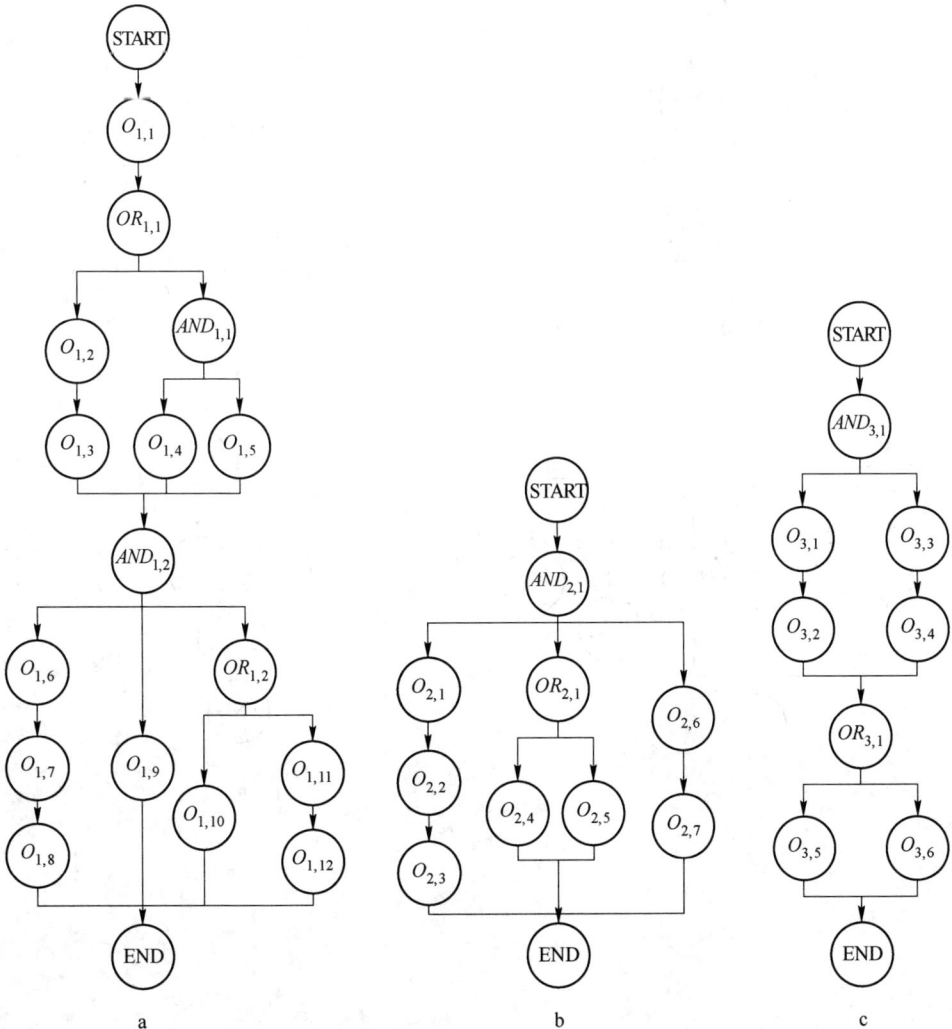

a

b

c

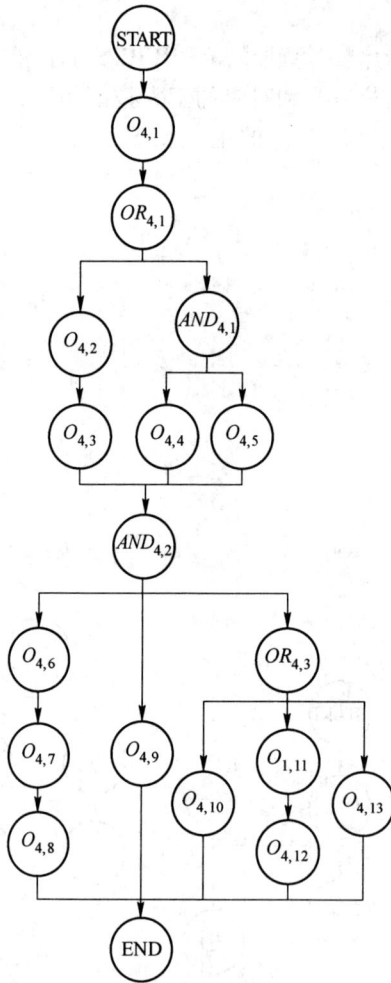

d

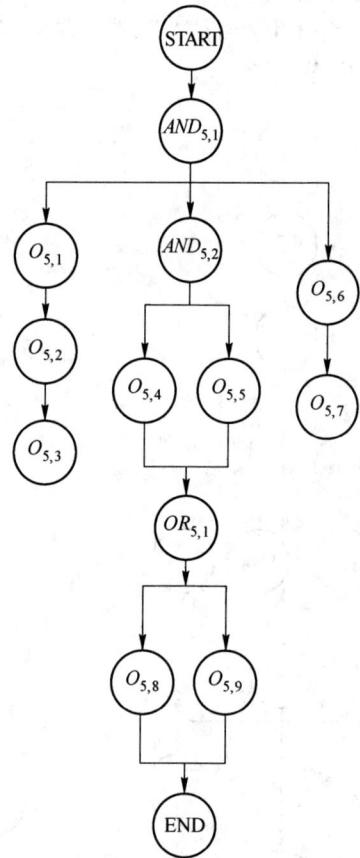

e

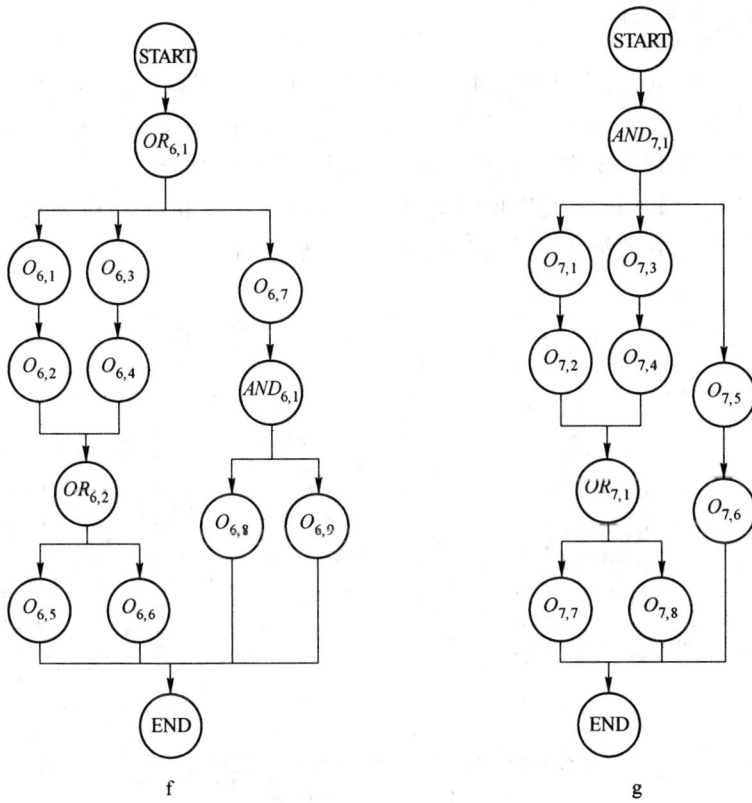

图 4.9 *AND-OR* 节点图

a—工件 1；b—工件 2；c—工件 3；d—工件 4；e—工件 5；f—工件 6；g—工件 7

这些工件构成的数值实例如表 4.1 所示。

表 4.1 数值实例

序号	工 件 组 合	机器数	工人数
1	1，2，3	4	5
2	2，3，4	4	5
3	4，5，6	4	5
4	1，2，3，4	5	6
5	2，3，4，5，6	5	6
6	1，2，3，4，5，6	5	6
7	2，3，4，5，6，7	5	6

4.4.2　求解数值实例

本书用 MOTIGO、MOBSA 和其他智能算法对不同规模的 DRCIPPS 数值实例进行求解，验证 MOTIGO 的有效性。算法采用 Python 3.5.2 编程语言实现，运行环境：处理器主频 3.3GHz，内存 4GB，Windows7 操作系统。

图 4.10 为 MOTIGO 和 MOBSA 求解数值实例 1 时所得到的 Pareto 优化解集，可见两种算法得到的解集中的解都均匀分布在解空间中。

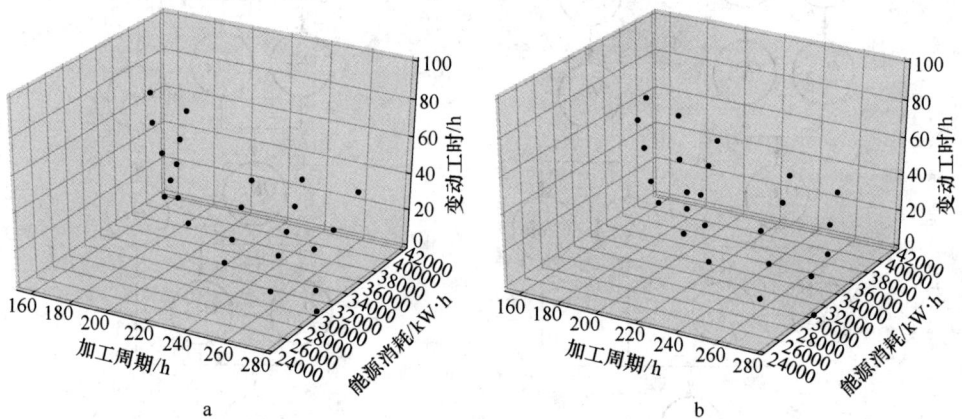

图 4.10　MOITGO 所得 Pareto 优化解集
a—MOITGO；b—MOBSA

表 4.2 和图 4.11 分别为图 4.10a 解集中一个解对应的工艺路径规划和车间调度。

表 4.2　工艺路径规划

工件	工艺路径规划
J_1	$O_{1,1}$—$O_{1,9}$—$O_{1,6}$—$O_{1,10}$—$O_{1,7}$—$O_{1,8}$
J_2	$O_{2,5}$—$O_{2,6}$—$O_{2,7}$—$O_{2,1}$—$O_{2,2}$—$O_{2,3}$
J_3	$O_{3,3}$—$O_{3,1}$—$O_{3,2}$—$O_{3,4}$—$O_{3,5}$

本书采用第 2 章提到的评价多目标优化问题解集的超体积、分布度以及延展度评价算法求得的解集三个指标。为方便对比，在计算超体积、分布度以及延展度前需按式（4.7）对所对比的多个 Pareto 解集中的解对应的目标值归一化，归一化后计算超体积时的参考点设为（1，1，1）。

$$f_i'(x) = \frac{f_i(x) - \min\_f_i}{\max\_f_i - \min\_f_i} \tag{4.7}$$

式中，$f_i(x)$、$f_i'(x)$ 分别为目标函数 f_i 在任一解 x 处归一化前和归一化后的值，$\max\_f_i$、$\min\_f_i$ 分别为所有 Pareto 解集中目标函数 f_i 的最大值和最小值。

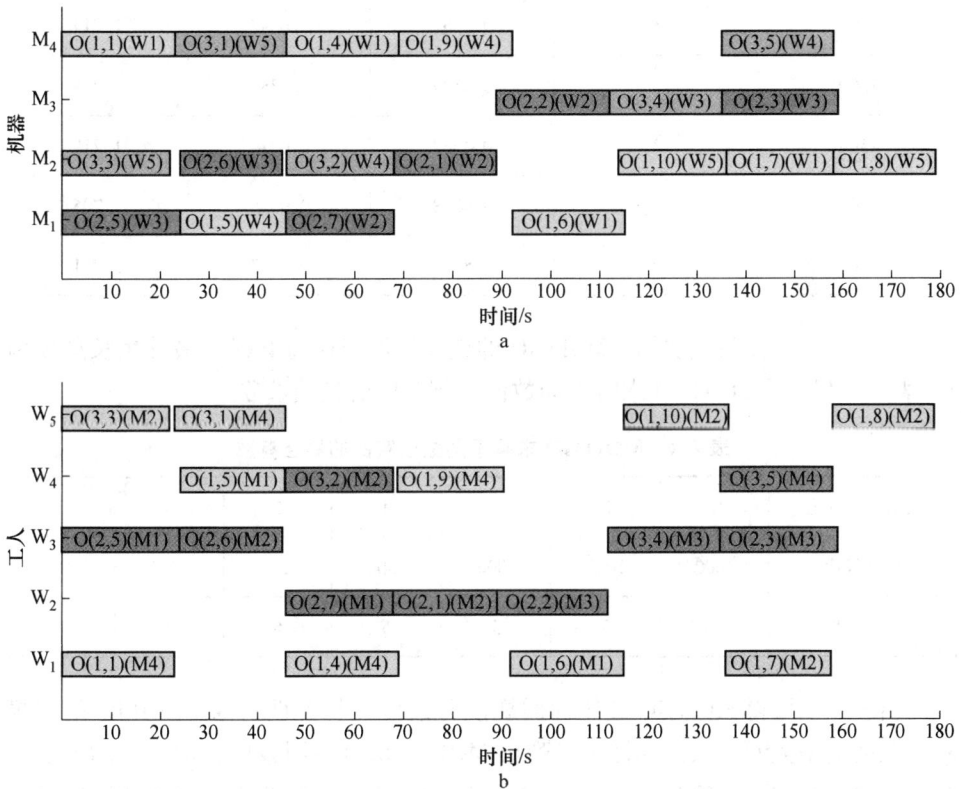

图 4.11　车间调度甘特示意图

a—机器–时间甘特示意图；b—工人–时间甘特示意图

种群规模和生长周期是影响 MOITGO 性能的重要参数。表 4.3 对比了不同种群规模和生长周期下的 MOITGO 在相同时间下求解数值实例 1 时取得的 Pareto 解集。

表 4.3　不同参数 MOITGO 所得 Pareto 解集对照

种群规模	生长周期	超体积	分布度	延展度
500	3	0.8867	0.0415	1.685
500	5	0.9234	0.0411	1.702
500	7	0.8978	0.0408	1.697
1000	3	0.9345	0.0392	1.717

续表 4.3

种群规模	生长周期	超体积	分布度	延展度
1000	5	0.9752	0.0398	1.714
1000	7	0.9125	0.0387	1.708
1500	3	0.8687	0.0374	1.719
1500	5	0.9078	0.0335	1.705
1500	7	0.8734	0.0367	1.721

可见，对于该数值实例，MOITGO 的最佳种群规模为 1000，最佳生长周期为 5。表 4.4 列出了 MOITGO 求解不同数值实例对应的最佳参数。

表 4.4　MOITGO 求解不同数值实例的最佳参数

数值实例序号	1	2	3	4	5	6	7
种群规模	1000	1000	1000	1500	1500	2000	2000
生长周期	5	5	5	6	6	8	8

由表 4.4 可得 MOITGO 最佳种群规模和最佳生长周期均随 DRCIPPS 的规模和复杂度的增大而增大。同样可以列出 MOBSA 求解不同数值实例对应的最佳参数，见表 4.5，可得 MOBSA 最佳种群规模均随 DRCIPPS 的规模和复杂度的增大而增大。

表 4.5　MOBSA 求解不同数值实例的最佳参数

数值实例序号	1	2	3	4	5	6	7
种群规模	500	500	500	600	600	700	700

本书将 MOITGO、MOBSA 与 NSGA Ⅲ、NSGA Ⅱ、基于分解的多目标进化算法（Multi-Objective Evolutionary Algorithm Based on Decomposition，MOEA/D）、离散粒子群算法（Discrete Particle Swarm Optimization，DPSO）、改进强度 Pareto 进化算法（Improved Strength Pareto Evolutionary Algorithm，SPEA2）进行对比。各算法均使用本文所提出的编码方案，种群规模选取先期实验所定的各数值实例对应的最佳值。表 4.6 对比了不同算法相同时间内求解各数值实例所得的 Pareto 解集，图 4.12 对比不同算法所得解集指标的折线图。

表 4.6 不同算法所得 Pareto 解集对比

工件序号	算 法	超体积	分布度	延展度
1	MOITGO	0.9831	−0.0398	1.721
	MOBSA	0.9910	−0.0389	1.710
	NSGAⅢ	0.8472	−0.0412	1.459
	NSGAⅡ	0.8058	−0.1324	1.398
	MOEA/D	0.9251	−0.0942	1.653
	DPSO	0.9079	−0.1298	1.239
	SPEA2	0.8309	−0.0801	1.585
2	MOITGO	0.9689	−0.0434	1.709
	MOBSA	0.9712	−0.0421	1.693
	NSGAⅢ	0.8399	−0.0423	1.612
	NSGAⅡ	0.7949	−0.1271	1.256
	MOEA/D	0.9587	−0.0978	1.324
	DPSO	0.8848	−0.1325	1.261
	SPEA2	0.8745	−0.0792	1.592
3	MOITGO	0.9808	−0.0485	1.714
	MOBSA	0.9845	−0.0478	1.691
	NSGAⅢ	0.8215	−0.0469	1.685
	NSGAⅡ	0.7821	−0.1317	1.458
	MOEA/D	0.9187	−0.0965	1.394
	DPSO	0.8943	−0.1421	1.255
	SPEA2	0.8334	−0.0857	1.581
4	MOITGO	0.9313	−0.0574	1.725
	MOBSA	0.9415	−0.0558	1.701
	NSGAⅢ	0.8401	−0.0655	1.562
	NSGAⅡ	0.7993	−0.2013	1.457
	MOEA/D	0.8983	−0.1314	1.545
	DPSO	0.8537	−0.2215	1.341
	SPEA2	0.8462	−0.1142	1.459
5	MOITGO	0.9892	−0.0612	1.717
	MOBSA	0.9900	−0.0594	1.695

续表4.6

工件序号	算　法	超体积	分布度	延展度
5	NSGAⅢ	0.8420	− 0.0631	1.482
	NSGAⅡ	0.8146	− 0.2136	1.563
	MOEA/D	0.9514	− 0.1253	1.478
	DPSO	0.8825	− 0.2027	1.301
	SPEA2	0.7937	− 0.1357	1.526
6	MOITGO	0.9717	− 0.0851	1.709
	MOBSA	0.9856	− 0.0783	1.699
	NSGAⅢ	0.8543	− 0.0978	1.587
	NSGAⅡ	0.7836	− 0.3012	1.563
	MOEA/D	0.9549	− 0.1798	1.425
	DPSO	0.8506	− 0.3365	1.343
	SPEA2	0.8271	− 0.1413	1.547
7	MOITGO	0.9689	− 0.0813	1.728
	MOBSA	0.9907	− 0.0823	1.710
	NSGAⅢ	0.8675	− 0.0945	1.684
	NSGAⅡ	0.7952	− 0.3214	1.658
	MOEA/D	0.9435	− 0.1821	1.594
	DPSO	0.8835	− 0.3596	1.389
	SPEA2	0.8325	− 0.1396	1.573

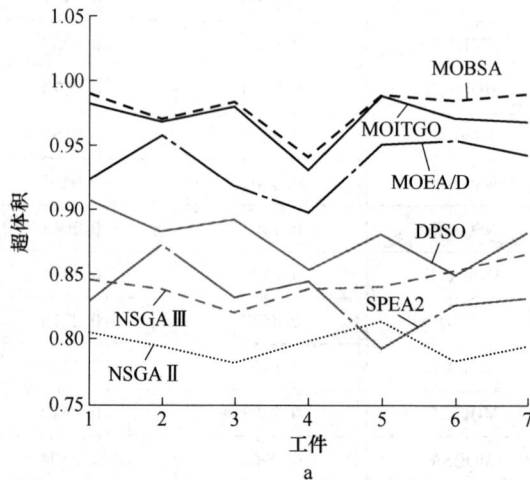

a

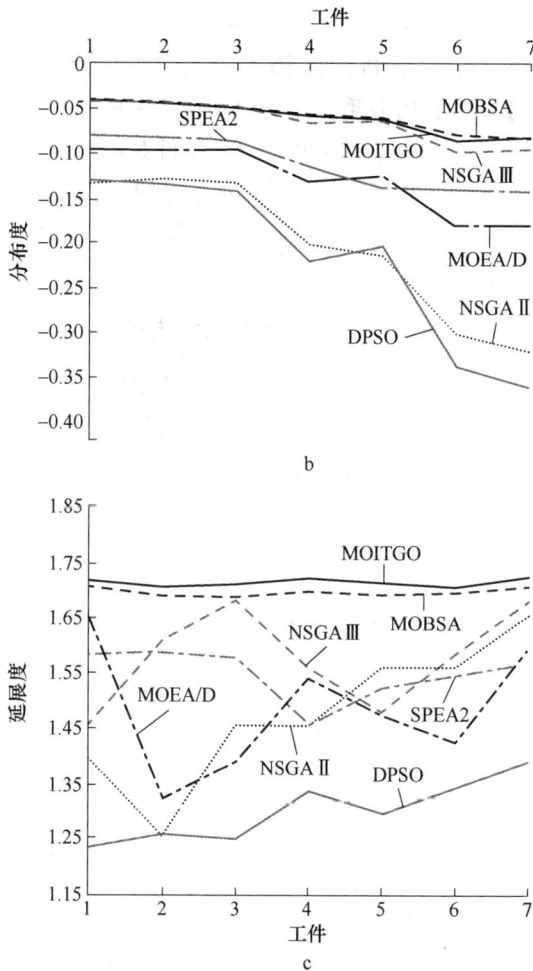

图 4.12 解集指标对比折线图
a—超体积；b—分布度；c—延展度

由表 4.6 和图 4.12 可得：MOTIGO、MOBSA 和 NSGAⅢ所得解集较其他算法分布更均匀；MOITGO 所得解集分布最广，MOBSA 次之；各算法在相同时间求解 DRCIPPS 所得的 Pareto 解集接近真实 Pareto 前沿的程度依次为 MOBSA、MOTIGO、MOEA/D、DBSA、NSGAⅢ、SPEA2、NSGAⅡ。综上，MOITGO 和 MOBSA 表现均较其他算法优异，MOITGO 所得解集分布更广，MOBSA 算法收敛性更强。

4.5 案 例 描 述

某机床厂接到订单，需要生产图 4.13 中一种自动化生产线中常用的模块，每个该种模块有 9 种 17 个零件需要机床厂一个生产车间生产，图 4.14 为模块的装配图。该生产车间共有 13 台机器和 16 名工人，企业管理者希望该车间能最大效率地完成任务，同时尽量减小耗能并平均安排工人的工作量。车间需要生产零件 1×1、零件 2×4、零件 3×2、零件 4×2、零件 5×2、零件 6×2、零件 7×2、零件 8×1 和零件 9×1。图 4.15 ~ 图 4.23 为零件的加工图，表 4.7 ~ 表 4.15 为零件的工艺信息（实际工艺信息中包含可选工人和工人操作机器加工零件的用时，但因表格空间有限，没有列出）。

表 4.7　零件 1 大底柱的工艺信息

特征	特征描述	可选工艺	工艺描述	可选机器	特征之间的次序约束
F_1	$\phi80$ 外圆	O_1	车 80 外径	M_5，M_6	在所有特征之前
F_2	$\phi65$ 阶梯孔	O_2	车 65 阶梯孔	M_5，M_6	在 F_7 之前
F_3	底面	O_3	车工件总厚	M_5，M_6	在 F_4，F_5，F_8 之前
		O_4	铣工件总厚	M_1，M_2，M_3	
F_4	ϕ 台阶孔	O_5	打沉孔	M_1，M_2，M_3，M_8，M_9	
F_5	1/8NPT 孔	O_6	打螺纹孔	M_1，M_2，M_3	在 F_6 之前
		O_7	打孔	M_8，M_9	
		O_8	攻丝	M_{13}	
F_6	$\phi4$ 油通孔	O_9	打孔	M_1，M_2，M_3	
		O_{10}	钻孔	M_8，M_9	
F_7	4×2 油坑	O_{11}	铣 2×4 槽	M_1，M_2，M_3	
F_8	R8 半圆孔	O_{12}	铣半圆槽	M_1，M_2，M_3	

表 4.8　零件 2 柱轴的工艺信息

特征	特征描述	可选工艺	工艺描述	可选机器	特征之间的次序约束
F_1	轴面	O_1	精车	M_5，M_6	在所有特征之前
F_2	轴心螺纹孔	O_2	车螺纹孔	M_5，M_6	
		O_3	钻孔	M_8，M_9	
		O_4	攻丝	M_{13}	

表 4.9 零件 3 轴承块的工艺信息

特征	特征描述	可选工艺	工艺描述	可选机器	特征之间的次序约束
F_1	外形尺寸面	O_1	精铣	M_3	在所有特征之前
		O_2	平面磨	M_{10}，M_{11}	
F_2	$\phi80$ 内孔	O_3	车中心孔	M_5，M_6	在 F_3 之前
		O_4	磨中心孔	M_{12}	
F_3	$\phi33$ 轴孔	O_5	镗轴孔	M_1	在 F_4，F_5，F_6 之前
		O_6	磨轴孔	M_{12}	
		O_7	卧加打孔	M_4	
		O_8	磨轴孔	M_{12}	
F_4	M_6 螺纹孔	O_9	打螺纹孔	M_1，M_2，M_3	在 F_7 之前
		O_{10}	钻孔	M_8，M_9	
		O_{11}	攻丝	M_{13}	
F_5	M_6 纹盲孔	O_{12}	打螺纹孔	M_1，M_2，M_3	在 F_8 之前
		O_{13}	钻孔	M_8，M_9	
		O_{14}	攻丝	M_{13}	
F_6	油孔	O_{15}	铣半弧槽	M_1，M_2，M_3	
F_7	M_8 螺纹孔	O_{16}	打螺纹孔	M_1，M_2，M_3	
		O_{17}	钻孔	M_8，M_9	
		O_{18}	攻丝	M_{13}	
F_8	M_6 通孔	O_{19}	打螺纹孔	M_1，M_2，M_3	
		O_{20}	钻孔	M_8，M_9	
		O_{21}	攻丝	M_{13}	

表 4.10 零件 4 右端块的工艺信息

特征	特征描述	可选工艺	工艺描述	可选机器	特征之间的次序约束
F_1	$\phi80$ 外圆	O_1	车 80 外径	M_5，M_6	在所有特征之前
F_2	$\phi65$ 阶梯孔	O_2	车 65 阶梯孔	M_5，M_6	在 F_7 之前

特征	特征描述	可选工艺	工艺描述	可选机器	特征之间的次序约束
F_3	底面	O_3	车工件总厚	M_5, M_6	在 F_4, F_5, F_8 之前
		O_4	铣工件总厚	M_1, M_2, M_3	
F_4	$\phi7$ 台阶孔	O_5	打沉孔	M_1, M_2, M_3, M_8, M_9	
F_5	1/8NPT 孔	O_6	打螺纹孔	M_1, M_2, M_3	在 F_6 之前
		O_7	打孔	M_8, M_9	
		O_8	攻丝	M_{13}	
F_6	4 油通孔	O_9	打孔	M_1, M_2, M_3	
		O_{10}	钻孔	M_8, M_9	
F_7	4×2 油坑	O_{11}	铣 2×4 槽	M_1, M_2, M_3	
F_8	R8 半圆孔	O_{12}	铣半圆槽	M_1, M_2, M_3	

表 4.11　零件 5 左端块的工艺信息

特征	特征描述	可选工艺	工艺描述	可选机器	特征之间的次序约束
F_1	$\phi80$ 外圆	O_1	车 80 外径	M_5, M_6	在所有特征之前
F_2	$\phi65$ 阶梯孔	O_2	车 65 阶梯孔	M_5, M_6	在 F_7 之前
F_3	底面	O_3	车工件总厚	M_5, M_6	在 F_4, F_5, F_8 之前
		O_4	铣工件总厚	M_1, M_2, M_3	
F_4	$\phi7$ 台阶孔	O_5	打沉孔	M_1, M_2, M_3, M_8, M_9	
F_5	1/8NPT 孔	O_6	打螺纹孔	M_1, M_2, M_3	在 F_6 之前
		O_7	打孔	M_8, M_9	
		O_8	攻丝	M_{13}	
F_6	4 油通孔	O_9	打孔	M_1, M_2, M_3	
		O_{10}	钻孔	M_8, M_9	
F_7	4×2 油坑	O_{11}	铣 2×4 槽	M_1, M_2, M_3	
F_8	R8 半圆孔	O_{12}	铣半圆槽	M_1, M_2, M_3	

表4.12 零件6垫高等块A的工艺信息

特征	特征描述	可选工艺	工艺描述	可选机器	特征之间的次序约束
F_1	外形尺寸面	O_1	精铣磨至外形	M_1，M_2，M_3	在所有特征之前
		O_2	尺寸	M_{10}，M_{11}	
F_2	R15 半弧槽	O_3	铣半弧槽	M_1，M_2，M_3	
F_3	$\phi 9$ 台阶孔	O_4	铣孔	M_1，M_2，M_3	
		O_5	钻孔	M_8，M_9	
F_4	M_{10} 螺纹孔	O_6	铣螺纹孔	M_1，M_2，M_3	
		O_7	钻孔	M_8，M_9	
		O_8	攻丝	M_{13}	

表4.13 零件7垫高等块B的工艺信息

特征	特征描述	可选工艺	工艺描述	可选机器	特征之间的次序约束
F_1	外形尺寸面	O_1	精铣	M_1，M_2，M_3	在所有特征之前
		O_2	磨至外形尺寸	M_{10}，M_{11}	
F_2	R15 半弧槽	O_3	铣半弧槽	M_1，M_2，M_3	
F_3	$\phi 9$ 台阶孔	O_4	铣孔	M_1，M_2，M_3	
		O_5	钻孔	M_8，M_9	
F_4	M_{10} 螺纹孔	O_6	铣螺纹孔	M_1，M_2，M_3	
		O_7	钻孔	M_8，M_9	
		O_8	攻丝	M_{13}	
F_5	M_8 螺纹孔	O_9	铣螺纹孔	M_1，M_2，M_3	
		O_{10}	钻孔	M_8，M_9	
		O_{11}	攻丝	M_{13}	

表 4.14 零件 8 气缸活动板的工艺信息

特征	特征描述	可选工艺	工艺描述	可选机器	特征之间的次序约束
F_1	外形尺寸面	O_1	精铣	M_1，M_2	在所有特征之前
		O_2	磨至外形 尺寸	M_{10}	
		O_3	铣，精铣	M_3	
F_2	台阶面	O_4	铣台阶	M_1，M_2，M_3	
F_3	$\phi28$ 台阶孔	O_5	铣孔	M_1，M_2，M_3	
		O_6	钻孔	M_8，M_9	
F_4	$\phi26$ 台阶孔	O_7	铣孔	M_1，M_2，M_3	
		O_8	钻孔	M_8，M_9	
F_5	$\phi14$ 锥孔孔	O_9	铣孔	M_1，M_2，M_3	
		O_{10}	钻孔	M_8，M_9	
F_6	M_{16} 螺纹孔	O_{11}	铣孔	M_1，M_2，M_3	
		O_{12}	钻孔	M_8，M_9	
		O_{13}	攻丝	M_{13}	

表 4.15 零件 9 气缸支撑板的工艺信息

特征	特征描述	可选工艺	工艺描述	可选机器	特征之间的次序约束
F_1	外形尺寸面	O_1	精铣	M_1，M_2	在所有特征之前
		O_2	磨至外形尺寸	M_{10}	
		O_3	精铣	M_3	
F_2	$\phi13$ 双面沉孔	O_4	铣孔，掉头铣，面沉铣	M_1，M_2，M_3	
		O_5	卧加铣孔	M_4	
F_3	$\phi60$ 通孔	O_6	铣中心孔	M_1，M_2，M_3	在 F_4 之前
F_4	$\phi35$ 通孔	O_7	铣孔	M_1，M_2，M_3	
		O_8	钻孔	M_8，M_9	
F_5	M_6 螺纹孔	O_9	铣螺纹孔	M_1，M_2，M_3	

续表4.15

特征	特征描述	可选工艺	工艺描述	可选机器	特征之间的次序约束
F_6	M_{12}螺纹孔	O_{10}	铣螺纹孔	M_1，M_2，M_3	
		O_{11}	钻孔	M_8，M_9	
		O_{12}	攻丝	M_{13}	
F_7	M_8螺纹孔	O_{13}	铣螺纹孔	M_1，M_2，M_3	
		O_{14}	钻孔	M_8，M_9	
		O_{15}	攻丝	M_{13}	
F_8	水平M_6螺纹孔	O_{16}	依次铣四曲孔	M_1，M_2，M_3	
		O_{17}	卧加铣孔	M_4	
		O_{18}	钻孔	M_8，M_9	
		O_{19}	攻丝	M_{13}	

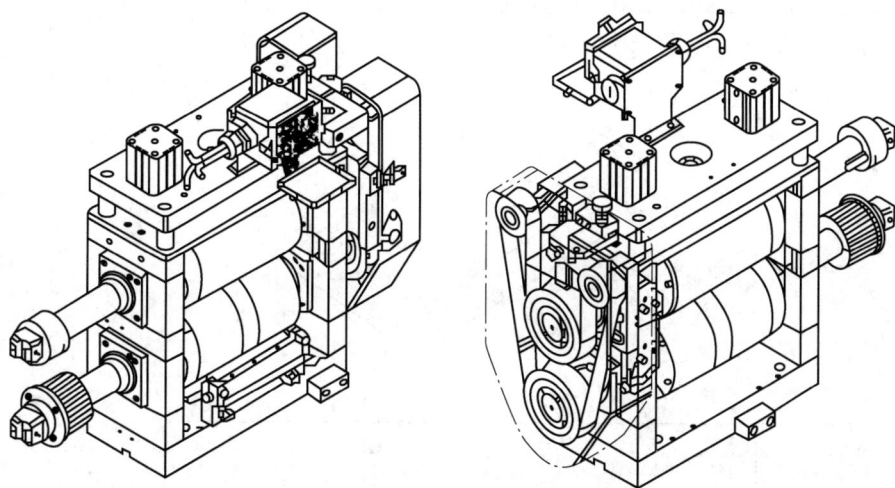

图 4.13 成型模块

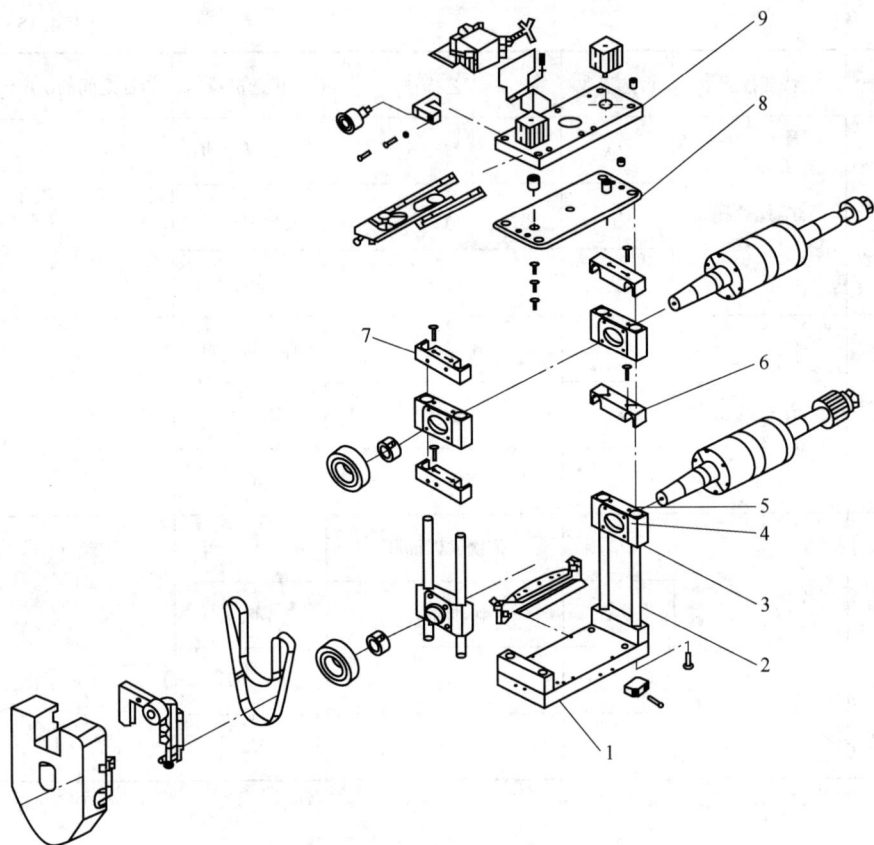

图 4.14　成型模块的装配图

1—大底柱；2—柱轴；3—轴承块；4—右端块；5—左端块；6—垫高等块 A；

7—垫高等块 B；8—气缸活动板；9—气缸支撑板

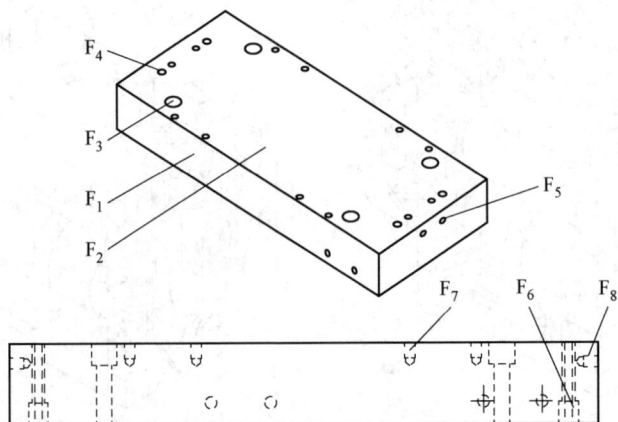

图 4.15　零件 1 大底柱的加工图

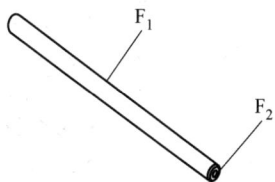

图 4.16　零件 2 柱轴的加工图

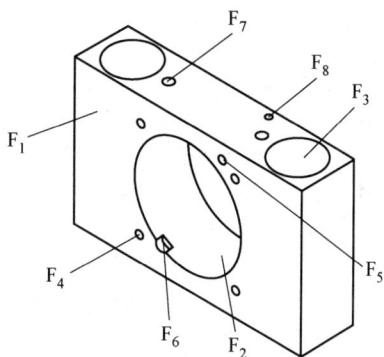

图 4.17　零件 3 轴承块的加工图

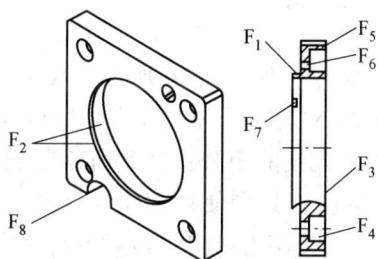

图 4.18　零件 4 右端块的加工图

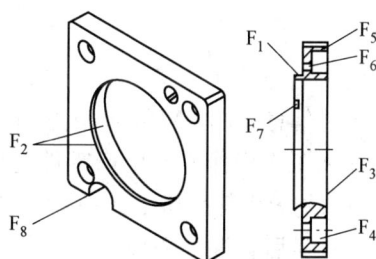

图 4.19　零件 5 左端块的加工图

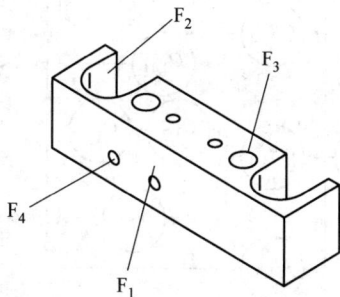

图 4.20　零件 6 垫高等块 A 的加工图

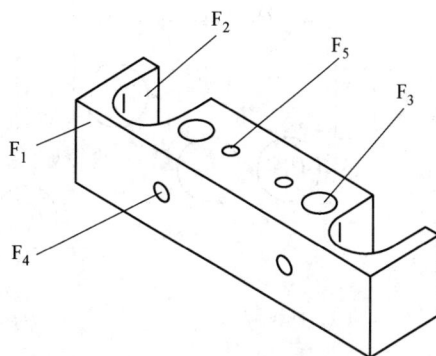

图 4.21　零件 7 垫高等块 B 的加工图

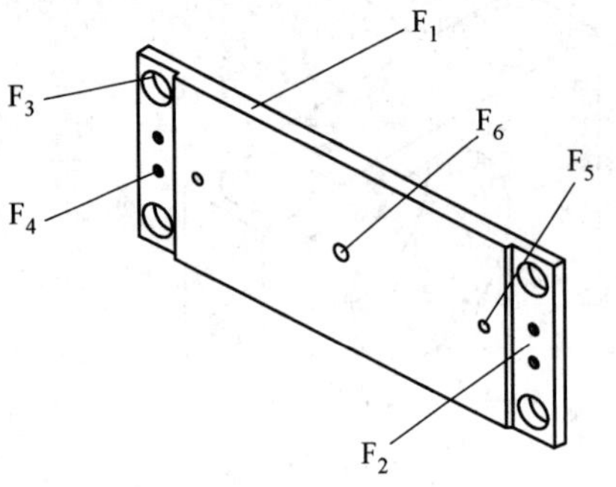

图 4.22　零件 8 气缸活动板的加工图

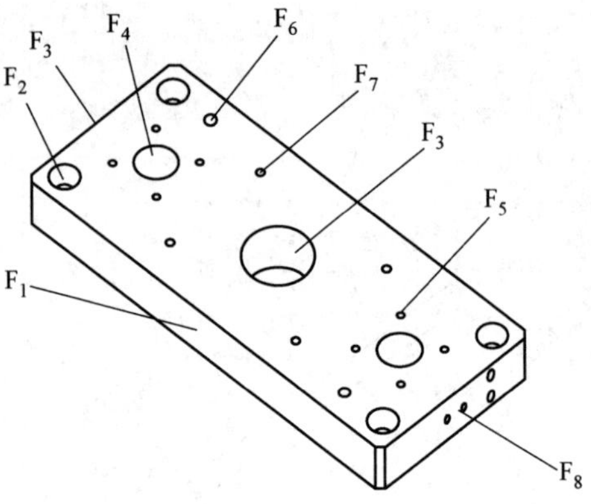

图 4.23　零件 9 气缸支撑板的加工图

4.6　调 度 方 案

首先，对每批共计需要生产的 17 个工件编号，如表 4.16 所示；其次，根据零件的工艺信息绘制 *AND-OR* 节点图（图 4.24 对应的是零件 1 的 *AND-OR* 节点图）并录入工人操作机器生产零件的信息为工人技能矩阵；然后所绘制的 *AND-OR* 图对应的数组表示和工人技能矩阵存入电脑，分别使用 MOITGO 和 MOBSA 进行求解；最后，混合两种算法所得到解集，淘汰两者解集中被对方解集中的解支配的解，得到一组可行方案供决策者选择，见表 4.17。

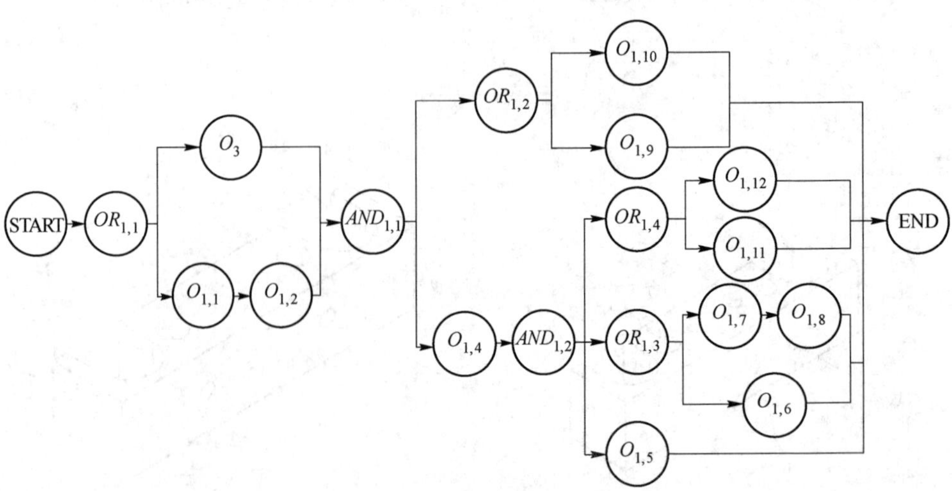

图 4.24　零件 1 的 *AND-OR* 节点图

表 4.16 工件编号

工件编号	1	2	3	4	5	6	7	8	9	10	11	12	13	14	15	16	17
零件种类	1	2	2	2	2	3	3	4	4	5	5	6	6	7	7	8	9

表 4.17 案例非支配解集

序号	最大完成时间/s	总耗能/kW	工人工时方差
1	533	196917	1791.06
2	577	194934	2219.81
3	645	194394	1191.44
4	607	197545	207.06
5	722	195371	400.23
6	563	197766	372.98
7	761	192828	1335.96
8	681	193498	994.71
9	695	194845	505.93
10	711	192969	1175.75
11	665	198553	178.98
12	626	195283	774.73
13	799	194245	814.03
14	588	195680	733.09
15	530	196448	2143.62
16	625	198557	153.44
17	763	193828	966.13
18	546	202302	313.65
19	586	196151	400.06
20	554	195622	1085.59
21	578	193880	1301.23
22	539	198130	1305.96

序号	最大完成时间/s	总耗能/kW	工人工时方差
23	666	193244	1121.62
24	627	194610	946.50
25	552	199835	551.18
26	546	196587	1655.28
27	619	197459	362.81
28	592	194430	1233.36
29	684	193028	1861.36
30	501	199307	2153.23
31	541	197595	608.11
32	634	194340	1195.11
33	641	194328	1274.12
34	688	194698	557.43
35	615	195808	549.98
36	672	196058	467.37
37	634	196366	359.48
38	576	197251	531.40
39	537	201170	1109.21
40	576	199310	323.78
41	531	196099	2313.96
42	641	193127	1508.11
43	613	194699	838.23
44	653	194389	781.96
45	662	194484	649.36
46	663	196344	230.31
47	582	197521	413.31

序号	最大完成时间/s	总耗能/kW	工人工时方差
48	539	198180	601.25
49	550	196347	568.75
50	687	198348	176.56
51	513	198840	1458.48
52	656	195294	700.71
53	649	194673	777.36
54	547	196047	1562.73
55	617	197046	370.36
56	634	195009	785.68
57	630	195173	779.73

表 4.17 中序号为 1 的解，其对应的工艺规划见表 4.18，对应的调度方案见图 4.25 中的甘特示意图，由甘特示意图可以看出工序排布紧密且工人工作量比较均衡。

表 4.18 真实案例的工艺规划

工件	工 艺 路 线
1	$O_3—O_{10}—O_4—O_5—O_6—O_{11}$
2	$O_1—O_2$
3	$O_1—O_2$
4	$O_1—O_2$
5	$O_1—O_2$
6	$O_1—O_2—O_3—O_4—O_7—O_8—O_{12}—O_{19}—O_9—O_{16}—O_{15}$
7	$O_1—O_2—O_3—O_4—O_7—O_8—O_{12}—O_{20}—O_{21}—O_{15}—O_9—O_{16}$
8	$O_1—O_2—O_{11}—O_3—O_5—O_{12}—O_6—O_9$
9	$O_1—O_4—O_5—O_2—O_{11}—O_{12}—O_6—O_9$

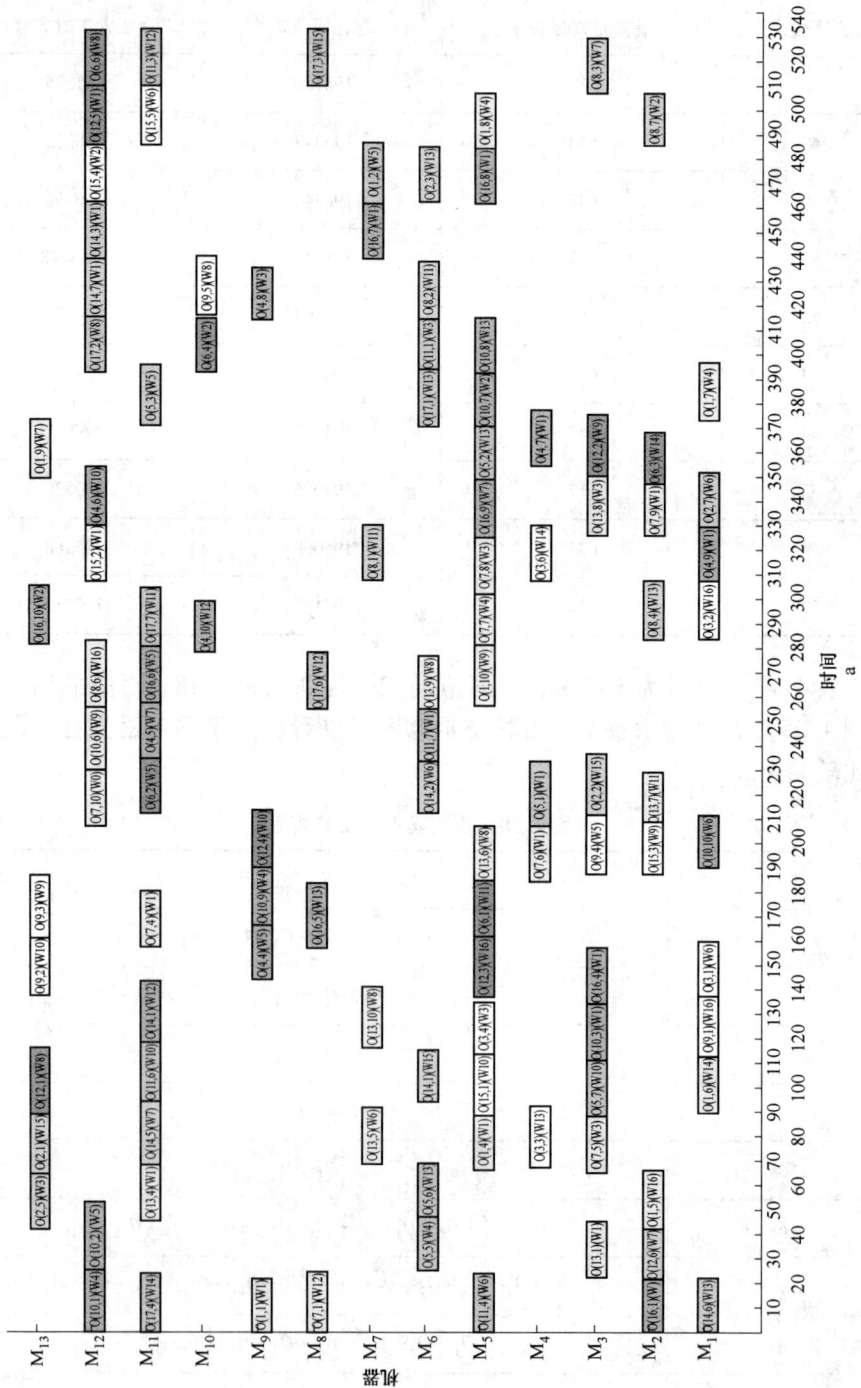

图4.4

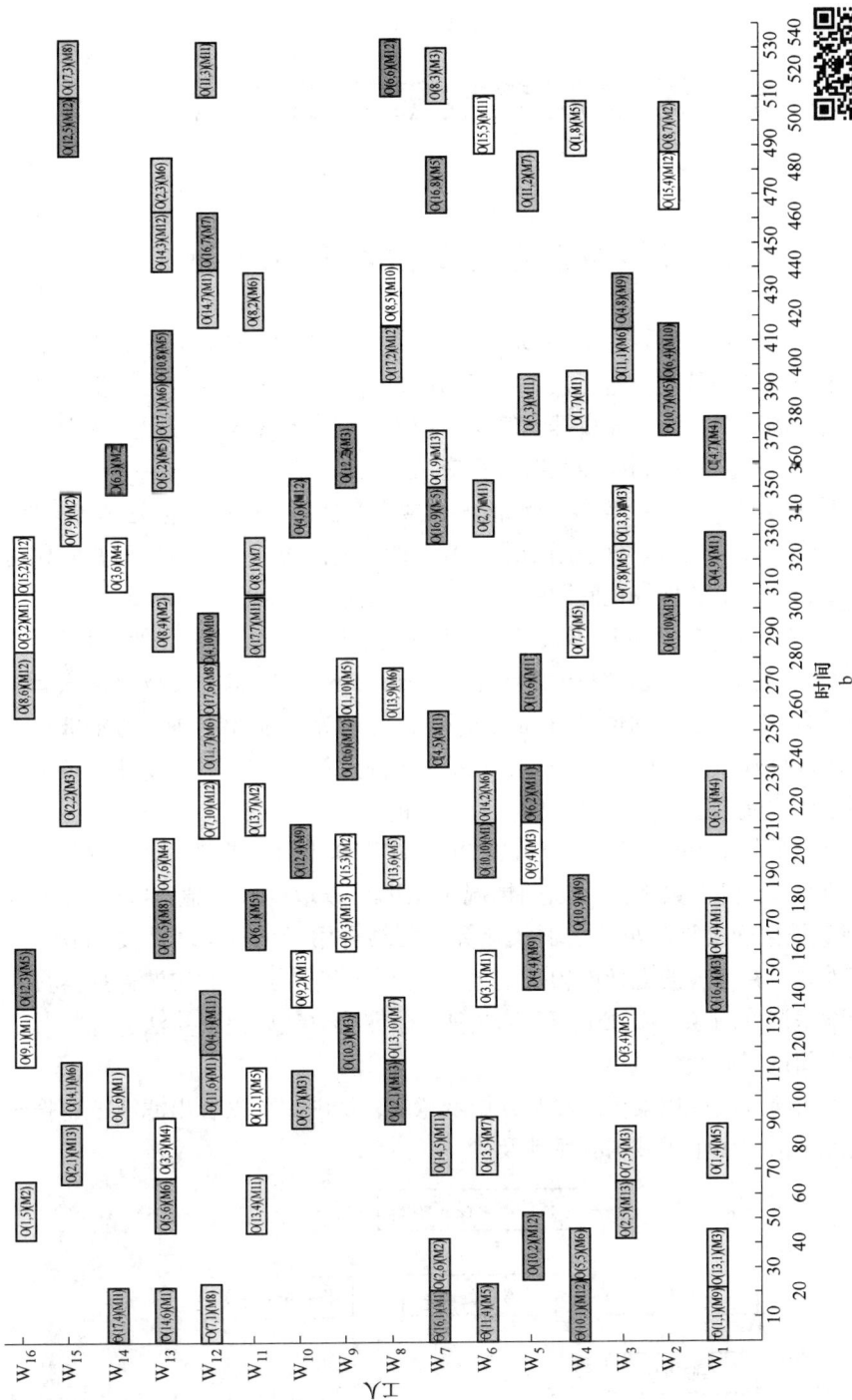

图 4.25　车间调度甘特示意图
a—机器-时间甘特图；b—工人-时间甘特图

图 4.25 彩图

5   滤波波束搜索算法设计

5.1   滤波波束搜索算法的产生和发展

滤波波束搜索算法（Filtered Beam Search Algorithm，FBSA）是一种新的启发式算法，该算法是一种收敛速度快、搜索精度较高的启发式算法。由于滤波波束搜索算法良好的性能，滤波波束搜索算法应用于现实生活多个领域里，主要在数据处理、图像分析采集和调度领域有广泛应用。

（1）数据处理。Morton 等[43] 将滤波波束搜索算法用于解决数据处理等问题，在此基础上将滤波波束搜索算法用于求解非线性规划函数问题，通过仿真实例对比验证了该算法求解数据处理问题的高效性和精确性。

（2）图像分析采集。Mejia G 等[44] 将滤波波束搜索算法用于图像分析采集，Valente 等[45] 将滤波波束搜索算法用于图像提取；Kim 等[46] 将滤波波束搜索算法进行改进结合用于快速对图像进行预处理分析；Shi 等[47] 提出一种改进滤波波束搜索算法用以处理多图像的分析采集；在此基础上，Lifeng X 等[48] 将滤波波束搜索算法用于优化航空航天飞行器，并得到良好的效果。

（3）调度领域。Cherif G 等[49] 将滤波波束搜索算法用以求解 TSP 问题，在滤波波束类较少，迭代次数无法保证的情况下依旧可以取得最优值；E. G. Birgin 等[50] 将滤波波束搜索算法与粒子群优化算法相结合用于求解车间调度问题，并获得良好效果；在滤波波束理论的基础上，S. Mete 等[51] 运用滤波波束搜索算法求解车间配送调度问题；E. Erel 等[52] 改进了标准滤波波束搜索算法，并将其运用到多维空间调度问题中。

图 5.1 为滤波波束搜索算法涉及领域示意图，从图中可以看出滤波波束搜索算法在实际生活中多个领域均有所涉及。

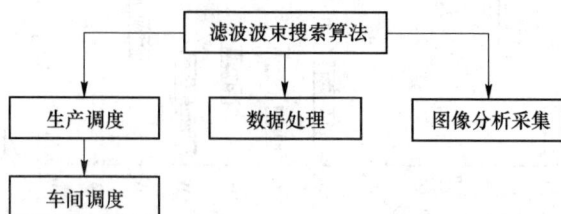

图 5.1   滤波波束搜索算法涉及领域示意图

　　滤波波束搜索是波束搜索的扩展，波束搜索是分支定界方法的一种改编，其仅逐级探索有希望的节点，而不会回溯。在每个级别上探索的节点数称为波束宽度。在波束搜索技术中，每个级别的节点评估过程都是一个关键问题。通常使用评估函数来确定要继续搜索的节点，提升了求解速度，可以较好地解决计算质量和评估效果。

　　为了在经济上快速地找到上述良好的折中方案，引入了滤波后的波束搜索。滤波波束搜索过程在滤波阶段和波束选择阶段两个阶段使用粗略和准确的评估。由父节点生成的所有节点均通过计算上成本较低的过滤程序（通常命名为本地评估功能），在第二阶段保留总宽度评估功能（通常称为全局评估功能），以便对过滤器宽度进行过滤，以进行进一步的准确评估。那些最有前途的节点将添加到部分解决方案中。在平行波束宽度路径上重复此过程，直到达到完整的时间表。因此，节省的解决方案数量等于波束宽度的大小。最终，具有最佳目标函数值的解决方案将作为最终计划。

　　图 5.2 为滤波波束搜索树示意图，图中有希望的节点（波束节点）是通过应用局部和全局评估函数确定的，并通过这些选定的节点进行搜索。在确定级别 1 的波束节点之后，将独立使用滤波后的波束搜索过程从每个波束生成一个局部树（该图中由于波束宽度 = 2，因此存在两个局部树）。这些局部树称为光束路径。在每个光束路径中，一旦确定了光束节点，就可以通过应用分支方案，从该光束节点在下一级生成节点。这些生成的节点首先要经过滤波阶段，其中的某些节点会被局部评估修剪，并且将滤波宽度（图中的滤波宽度 = 2）过滤掉的节点留给波束选择阶段。通过全局评估功能，将具有最佳全局评估功能值的滤波后的节点

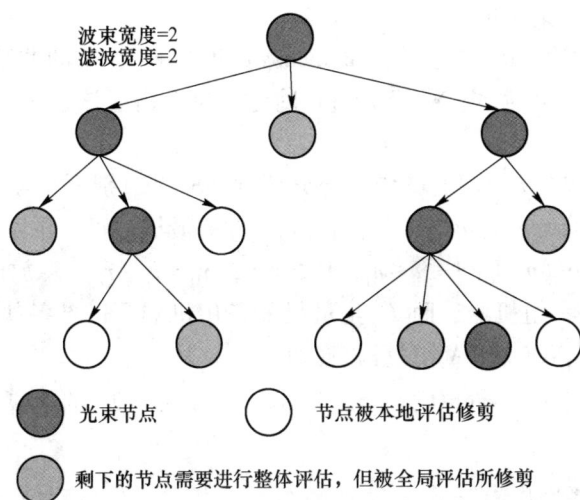

图 5.2　滤波波束搜索树示意图

之一确定为该级别的波束节点。该过程在图5.2中重复进行，最终形成两个光束路径。

5.2　滤波波束搜索算法的算法流程

5.2.1　滤波波束搜索算法准备

滤波波束搜索算法应解决以下四个主要问题：

（1）搜索树表示法来定义解决方案空间；

（2）确定波束宽度和滤波宽度；

（3）分支方案；

（4）本地和全局评估功能的选择。

其中问题（3）和问题（4）是更重要的要素。对于不同的调度问题，这四个要素的具体定义是不同的，相关定义如下：

（1）置换流水车间调度问题（PFSP）的解决方案空间可定义为搜索树，其中树中的每个路径代表潜在的解决方案，节点代表操作的调度决策，包括从替代机器中选择机器以及确定所选计算机上的开始时间。一组顺序节点对应于部分调度，两个节点之间的线表示将操作添加到现有部分计划的决定。因此，树末端的叶节点对应完整的计划。

（2）波束宽度和滤波宽度的选择非常重要。通常，波束宽度和滤波器宽度的确定会对基于 FBSA 算法的速度和性能产生重大影响。滤波宽度和波束宽度的值通常根据经验确定。因此，将研究波束宽度和滤波器宽度的不同组合，以平衡计算时间和解决方案质量。

（3）本章采用的分支方案是 Sabuncuoglu 和 Bayiz 提出的非延迟过程的一种修改形式，将其命名为 M_NONDELAY 过程。为了描述该过程，首先定义一些变量。

假设 PS_l 是包含 l 个调度操作的部分调度，S_l 是级别 l 上与给定 PS_l 对应的可调度操作的集合，S_{ij} 是可以开始操作 $O_{ij} \in S_l$ 的最早时间，并且 $S(i+1)j = S_{ij} + \gamma_{ij}$，其中 $\gamma_{ij} = \min k(p_{ijk}) \forall 1 \leq i \leq n_j$，$1 \leq j \leq n$，$S_{1j} = r_j$（$r_j$ 是释放时间），M_{ij} 是可以执行 Q_{ij} 操作的一组机器，而 T_{ijk} 是最早的备用机器可以准备执行操作 O_{ij} 的时间，$M_k \in M_{ij}$。M_NONDELAY 过程解释如下：

步骤1：确定 $T^* = \min O_{ij \in S_l} \{S_{ij}\}$，并将具有 $S_{ij} = T^*$ 的运算 $O_{ij} \in S_l$ 设为集合 S_l。

步骤2：选择操作 $O_{ij} \in \overline{S}_l$，对于 M_{ij} 的每台机器，生成对应部分调度的新节点，其中将操作 O_{ij} 添加到 PS_l，并在时间 $sijk = \max(T^*, T_{ijk})$ 时开始。

因此，在级别 l，每个要选择的节点同时确定分配和开始时间，这样的节点包含操作分配和排序的信息。

利用基于 FBSA 的启发式算法的关键是选择本地和全局评估。通常，本地评估是通过计算上成本较低的调度规则执行的。将节点的全局评估确定为对该节点（如果将该节点添加到部分进度表中）可以生成的解决方案的上/下限值的估计。这是通过应用选定的本地和全局评估功能，从给定的部分计划中生成完整的计划，可以执行此操作。然而，无论生产目标和制造环境如何，都很难找到一个高性能的独特规则。本书研究了以下基于启发式的调度规则，作为本地和全局评估功能。

（1）M_SPT（修改的最短处理时间）：用最短的处理时间来支持 i-j-k（即以 $\min(p_{ijk})$ 来支持 i-j-k）。如果选择的决定不止一个，那么选择到目前为止使用最少的机器将打破束缚，这有助于平衡机器之间的工作量分配。

（2）M_EET（修改的最早结束时间）：以最早的结束时间支持 i-j-k（即以 $\min(s_{ijk}+p_{ijk})$ 支持 i-j-k）。平衡机器上的负载以打破平局。

（3）M_LWR（修改后的剩余最少工作量）：最少的工作量来支持 i-j-k（即，使用 $\min\left(\sum_{q=i}^{nj}\min(p_{qjk})\, 支持 \, i\text{-}j\text{-}k\right)$）。平衡机器上的负载以进行第一次平局，随机选择用作第二次决胜局。

（4）M_PT/TOT（修改的最小处理时间与作业总处理时间之比）：支持以操作的处理时间与作业的总处理时间之比最小的 i-j-k（即支持以 $\min\left(p_{ijk}\Big/\sum_{q=1}^{nj}\min(p_{qjk})\right)$ 的 i-j-k）。平衡机器上的负载以进行第一次平局，随机选择用作第二次决胜局。

5.2.2 滤波波束搜索算法基本步骤

基于上述说明，所提出的 FABS 算法的流程图如图 5.3 所示。

与流程图相对应的算法的程序形式如下：

步骤 1：初始化。

令 $bn=0$，$l=0$；输入波束宽度 b，滤波宽度 f；输入操作总数 T。输入 n 个工作，m 台机器的详细信息；让部分调度集 PS_l 为空。

步骤 2：确定波束节点。

（1）通过使用 M_NONDELAY 子例程，从根节点生成节点。检查节点总数 N。令 $l=l+1$，用生成的节点更新 PS_l。

（2）如果 $N<b$，则再向下移动一个级别（$l=l+1$），使用 M_NONDELAY 子例程（以 PS_l 作为部分调度）来生成新节点（更新 N），并更新 PS_l。如果 $N<b$，则停留在步骤 2(2)，否则将转入步骤 2(3)。

```
                        ┌──────────┐
                        │   开始    │
                        └──────────┘
                             │
    ┌────────────────────────────────────────────────────────┐
    │ 初始化：bn=0，l=0；输入：b，f，得到T_o，工件，机器信息；PS_l为空 │
    └────────────────────────────────────────────────────────┘
                             │
    ┌────────────────────────────────────────────────────────┐
    │        使用M_NONDELAY子例程从根节点生成节点               │
    └────────────────────────────────────────────────────────┘
                             │
    ┌────────────────────────────────────────────────────────┐
    │       l=l+1，更新PS_l，检查节点总数N                       │
    └────────────────────────────────────────────────────────┘
                             │
                        ◇ N>b? ◇ ──N──→ ┌──────────────┐
                             │            │  通过使用      │
                             Y            │ M_NONDELAY从父 │
                                          │  节点生成节点   │
                                          └──────────────┘
    ┌────────────────────────────────────────────────────────┐
    │ 计算全局评估函数值，构造具有最佳值和序列集的b个波束节点：    │
    │             PS_l(1)···PS_l(b)，l'=l+1                     │
    └────────────────────────────────────────────────────────┘
                             │
  ┌──────┐             ◇ bn=bn+1，bn>b? ◇ ──Y──┐
  │ l=l' │                  │
  └──────┘                  N
                       ◇ l=l+1，l>T_0? ◇ ──Y──┐
                            │
                            N
    ┌────────────────────────────────────────────────────────┐
    │ 通过使用M_NONDELAY子例程从父波束节点生成N_{bn,l}个节点，计算 │
    │  局部评估函数值，选择min(N_{bn,l}，f)个具有最佳值的节点数     │
    └────────────────────────────────────────────────────────┘
                            │
    ┌────────────────────────────────────────────────────────┐
    │ 计算min(N_{bn,l}，f)个节点的全局评估函数值，选择最佳节点，    │
    │             更新PS_l(bn)                                  │
    └────────────────────────────────────────────────────────┘
                            │
    ┌────────────────────────────────────────────────────────┐
    │           制定完整的第bn个进度表PS(bn)                     │
    └────────────────────────────────────────────────────────┘
                            │
    ┌────────────────────────────────────────────────────────┐
    │  在b个进度表集中选择一个或多个目标函数值最佳的进度表集        │
    └────────────────────────────────────────────────────────┘
                            │
                       ┌──────────┐
                       │   结束    │
                       └──────────┘
```

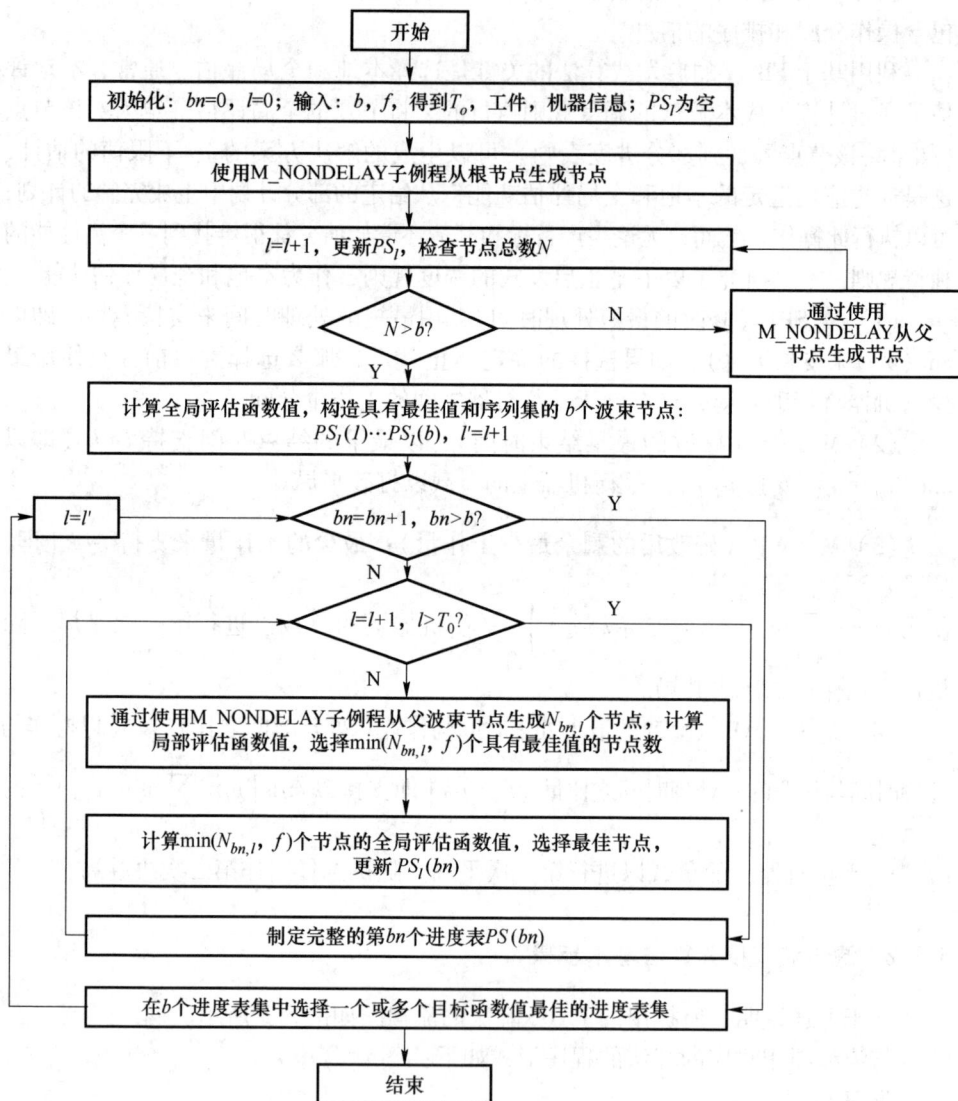

图 5.3　滤波波束搜索算法流程图

（3）计算所有节点的全局评估函数值，并选择最佳 b 个节点（初始波束节点）。同时，确定电势集 $PS_l(1), \cdots, PS_l(b)$。

步骤 3：$bn = bn + 1$，如果 $bn > b$ 则转到步骤 4；否则将继续执行下一命令。

（1）为每个初始波束节点形成第 l 级波束节点

1）$l = l + 1$，如果 $l > T_0$，则转到步骤 3（2），否则将继续执行下一命令。

2）根据 M_NONDELAY 子例程，以 $PS_l(bn)$ 作为由波束节点表示的部分调度，从波束节点生成新节点（节点数为 $N_{bn,l}$）。计算生成的所有节点的局部评估函数值，并选择具有最佳值的 $\min(N_{bn,l}, f)$ 个节点，进行进一步评估。

3）计算节点总数为 $\min(N_{bn,l}, f)$ 个的全局评估函数值，选择具有最佳值的节点，将该节点添加到调度 $PS_l(bn)$ 中，更新 $PS_l(bn)$，并转到 1）步骤。

（2）制定第 bn 个完整进度表 $PS(bn)$。

步骤 4： 在最后 b 个进度表集合中选择具有最佳目标函数值的进度表集合，并终止算法命令。

5.2.3 基于 NEH 算法的种群初始化

由于滤波波束搜索算法是基于推算的算法，因此该算法中不断发展 ρ 个解。每个解决方案都是通过 FBSA 程序执行的。Nawaz-Enscore-Ham（NEH）启发式方法已被证明是解决流水车间问题的最有效的启发式方法，并且已被广泛用于为流程的元启发式方法生成初始解决方案问题。NEH 启发式算法首先在所有机器上以不增加总处理时间的顺序对作业进行排序。然后，通过考虑前两个工作来构造部分解决方案。最后，通过将这些作业一个接一个地插入当前的部分解决方案中，构建了一个完整的解决方案。

为了使 NEH 启发式算法适用于 MPFSP，MPFSP 中部分序列的评估与 PFSP 中的评估不同。对于部分序列，此处采用时间表方法来构造部分时间表作为部分解决方案。NEH 启发式算法描述如下：

步骤 1： 在所有机器上以不增加总处理时间的顺序对作业进行排序，并获得优先作业顺序 $\rho = (\rho[1], \cdots, \rho[n])$，令部分序列为 $\sigma = (\rho[1])$ 和 $k = 2$；

步骤 2： 将作业 $\rho(k)$ 插入所有可能的 k 个位置，并获得 k 个暂定的部分序列，通过采用相应的时间表方法来评估这些部分序列，并将 σ 替换为导致最小目标值的部分序列；

步骤 3： 令 $k = k + 1$。如果 $k \leqslant n$，则转到步骤 2，否则 σ 是最终序列。

为了使用 NEH 启发式算法生成高质量的随机解，我们在第一步中使用随机作业置换作为作业顺序，并开发了 NEH 启发式的变体 NEH_RAN。应该注意的是，在上述 NEH 启发式方法及其变体中，可以同时使用左时标和左时标逆方法。换句话说，试探法可以与原始实例的左时标一起应用以获得解，并且也可以与逆实例的逆时标一起应用以获得另一种解决方案。

为了同时利用左时标和左时标逆方法，这两种方法都在 ρFBSA 程序中应用。布尔向量 $m_d = (m_d(1), \cdots, m_d(\rho))$ 设计为指示 ρFBSA 程序的时间表方法。$m_d(k) =$ true 表示第 k 个 FBSA 程序是在左时间表的情况下执行的，否则其在左时间表的逆过程中执行的。m_d 以（true，false，true，false，$\cdots$）的形式初始化。然后，如下初始化 ρFBSA 程序的 ρ 个初始解。

第一个通过 NEH 启发式使用左时标初始化，第二个通过 NEH 启发式使用左逆时标初始化。剩下的 $\rho - 2$ 初始解由 NEH_RAN 使用左反时标（如果 $m_d(k)$ 值为 true）或使用左反时标（如果 $m_d(k)$ 值为 false）初始化。这样的初始化策略不仅利用了时间安排方法，而且构造了具有质量和多样性的初始启动解决方案。

5.2.4　复杂度分析

复杂度可以对有效评价算法的收敛速度和搜索精度，假设波束的初始散发量为 M，波束初次更新的滤波数量为 $M/2$，算法迭代次数为 MCM，依据滤波波束搜索算法的算法原理对复杂度进行分析。

步骤 1：滤波波束的种群初始化需要进行 M 次操作，进而现在的时间复杂度为 $A(M)$；

步骤 2：初始化波束位置需要 M 次操作，同时，用以计算适应度函数的操作次数为 N，故此步的时间复杂度为 $A(M + M)$；

步骤 3：每次更新目标函数 2 次，模块发掘 N 次，计算目标函数 3 次，更新最优解 2 次；

步骤 4：最优解更新 2 次，故此时的时间复杂度为 $A(M + M2 + M + M + M)$；

步骤 5：实施精英选择策略需要 M 次操作；

步骤 6：实施反复精英选择策略需要 M 次操作，因而此时的时间复杂度为 $A(M + M)$；

步骤 7：最大循环次数的判断需要 2 次操作，故此步的时间复杂度为 $A(2)$。

由以上分析可知，该算法的时间复杂度为 $A(9C + M2)$，故算法的时间复杂度主要与滤波波束的初始种群及迭代次数有关。

5.2.5　精英选择策略

本书利用精英选择策略，结合滤波波束搜索算法理论。将每次迭代适应函数值较好的个体选择作为首先调度的个体，从而使精英个体可以优先完成调度。

步骤 1：通过如下绩效函数对各工件在所有机器上的完成时间进行评估；

$$\Gamma_j = 0.5 \sum_{k=1}^{m} p_{jk} + 0.5 \sum_{k=1}^{m-1} | C_{\sigma i-1, k+1} - C_{\sigma i-1, k} - p_{jk} | \tag{5.1}$$

步骤 2：将计算得出的适应函数值个体最好的工件添加入序列，再将未添加序列的工件通过函数式（5.1）计算，再次添加适应度最好的工件，以此类推，直至所有的工件都添加至序列；

步骤 3：重新计算该序列，最大限度减少每台机器之间的作业等待时间；

步骤 4：确定最后一台机器上作业的完成时间，最大限度地减少作业的早期性和延误性；

步骤5：通过计算所有其他机器中作业的完成时间，重新建立调度的紧凑性。

5.2.6 本地搜索

由于多目标求解问题需要搜索的解集过多，且各解集排列关系复杂，因为提出一种本地搜索策略可以有效快速对多目标问题的解集进行搜索求解。对首次迭代的候选解集进行局部搜索，过滤次等解集，剩余解集进行全局搜索，提高算法搜索效率，对算法搜索出的（多余）候选解决方案执行本地搜索，并获得新的解决方案，取代劣势解决方案。到目前为止，针对 PFSP 的大多数竞争性本地搜索方法均是基于插入邻域搜索。在 FBSA 算法的本地搜索中，从序列 π 中提取了作业 s，并将其插入到其他 $n-1$ 个可能的位置。令 $\pi_{binsert}^{s}$ 表示最佳插入移动的序列，即导致 $n-1$ 序列中最佳目标值的序列。如果 $\pi_{binsert}^{s}$ 优于 π，则将 $\pi_{binsert}^{s}$ 替换 π，然后对另一个作业重复该过程，并在所有作业都没有改善空间时终止该过程。通过避免在参考本地搜索（RLS）以及基于插入的本地搜索（IBLS）的冗余搜索，促进原始的本地搜索得到了改进。两种局部搜索方法之间的区别仅在于最初使用的顺序，RLS 使用参考序列，而 IBLS 使用随机序列使本地搜索更加随机。采用的基于插入的本地搜索，其过程如表 5.1 所示，其中 π 是新的解决方案。考虑到 NWJSP 和 PFSP 的问题特征可能存在很大差异，因此提出了另一个常用的邻域结构，即交换邻域。同样，从序列 π 中选择一个作业，并与其他 $n-1$ 个作业交换，令 $\pi_{binsert}^{s}$ 为最佳互换动作的顺序，获得了 IBLS 的对应物，称为基于交换的本地搜索（SBLS）。在表 5.1 中算法对初次迭代解集进行局部搜索，过滤次等分支，保留有希望的分支以确定各机器上第一件加工工件顺序，同时保证工件在各台机器加工无等待时间。其中有希望的波束开始继续分支，并继续对有希望的分支进行局部搜索。

表 5.1 基于邻域插入的本地搜索（IBLS）

```
 1：  π_R = a sequence generated randomly，π_F = π
 2：  i = 0，h = 1
 3：  while (i < n)
 4：     let s = π_{R[h]}
 5：     find π_{binsert}^{s}
 6：     if (π_{binsert}^{s} is better than π)
 7：        π = π_{binsert}^{s}
 8：        i = 1
 9：     else
10：        i = i + 1
11：     endif
12：        h = (h + 1) % n
13：  endwhile
14：  π is the new solution
```

5.2.7　竞争性共同进化方案

　　三种最佳解 π_L、π_I 和 π_G 一起存储在算法中。π_L 是所有 FBSA 程序相对于左时标方法发现的最佳解决方案,而 π_I 是所有 FBSA 程序相对于逆左时标方法发现的最佳解决方案。π_G 比 π_L 和 π_I 更好,即迄今为止找到的全局最佳解。π_L、π_I 和 π_G 基于 ρ 个初始解进行初始化。

　　表 5.2 为竞争性共同进化方案程序示意图,其中为固定参数,rand 为随机生成的实数。经过全局分析,值为 $0.5 \sim 1.0$。

表 5.2　竞争性共同进化方案程序

```
1：  randomly select three solutions from all and find worst one
2：  if（rand < ρb）
3：        π_C = π_G
4：     md（k*）= md best
5：  else if（mdbest）．
6：        π_C = π_L
7：     md（k*）= true
8：     else
9：        π_C = π_I
10：      md = false
11：   endif
12： endif
13： perform DC on π_C with parameter D and obtain a perturbation solution π_C*
14： π_k* = π_C*
```

5.2.8　种群进化方案

　　生成 p 个初始解后,p 个 FBSA 过程同时进入迭代。对于每个 FBSA 程序,首先对现有解决方案执行 DC 运算符,然后找到候选解决方案。此后,对候选解决方案执行本地搜索 IBLS,并获得新的解决方案。仅当现有解决方案劣于新解决方案时,才将其替换为新解决方案,随着进化的进行,由于现有解决方案中的 p 可能不相同,其某些现有解决方案可能相对优于其他解决方案。因此,一个合理的假设是当完成迭代时,应该利用相对较好的解决方案的某些优势,其是迄今为止找到的通常包含良好特性的最佳解决方案。基于此假设,引入了锦标赛选择方式。在锦标赛选择中,首先随机选择三个解决方案,然后,将三个解决方案中最差的一个替换为一个候选解决方案,该解决方案是通过找到的最佳解决方案(表示为)执行 DC 运算符而生成的。锦标赛的选择可以看作一种竞争机制,其中相对较差的解决方案将被丢弃,而新的候选解决方案将被添加。

　　表 5.3 介绍了 FBSA 的整个过程,该算法能够有效且高效地解决具有总流动时间准则的置换流水车间调度问题,其中,$(k = 1, \cdots, p)$ 表示第 k 个 FBSA 过程

的现有解，参数 D 代表抖动大小。

表5.3 FBSA 算法程序

1： set parameters p, d, and D.
2： generate the initial solutions, and find the best solution, π_b
3： while (not termination)
4：　for ($k = 1$ to p)
5：　perform DC on π_k and find a candidate solution.
6：　perform the IBLS on the candidate solution and find a new solution.
7：　if (the new solution is not worse than π_k)
8：　π_k is replaced with the new solution, an π_b is updated if possible.
9： endif
10： perform the tournament selection.
11：　endfor
12： endwhile

5.2.9 改进算法描述

在本节介绍一种基于精英选择策略的滤波波束搜索算法，具有先进的优先级评估功能。该算法与 B&B 算法相似，此计算过程将构造一个搜索树，其中每个节点由部分序列组成，子节点是通过在父节点的末尾添加未完成计划的作业之一而获得的。仅保留最有前途的 γ 节点（以下称为波束宽度）用于下一次迭代。

本书所提出的滤波波束搜索算法由 n 个不同级别的几个节点组成。其中，S_l^k 表示第 k 次迭代的第 l 个节点的部分序列，$l \in [1, \gamma]$。每个节点由 k 个作业的部分序列 S_l^k，$S_l^k := (S_{1,l}^k, \cdots, S_{k,l}^k)$ 和 $n - k$ 个未计划作业的集合 U_l^k ($U_l^k := \{u_{1,l}^k, \cdots, u_{n-k,l}^k\}$) 组成。对于每次迭代，通过在序列末尾添加集合 U_l^k 中的一个作业，从每个部分序列 S_l^k 中创建 $n - k$ 个子节点，选择最佳的 γ 子节点作为下一次迭代的节点的部分序列，即 S_l^k，$\forall l \in \{1, \cdots, \gamma\}$。所提算法的步骤如下：

步骤 1 初始化。

步骤 2 迭代。

　　步骤 2.1 分支。

　　步骤 2.2 节点评估。

　　步骤 2.3 节点选择。

步骤 3 最终评估。

为了阐明分支和候选选择阶段，图 5.4 显示了一个简单的示例，其中包含五个作业且 $\gamma = 2$。

初始化（步骤 1）。第一个节点由作业 j^* 组成，该作业 j^* 在最后一台机器上的完成时间最少，且加权的空闲时间为 ω_j，将这些总和表示为 ξ_j，即 $j^*:= \arg\min_j\{\xi_j\}$，如果是平局，则选择最小的 ω_j 作业，其中

$$\xi_j := \sum_{i=1}^{m} p_{ij} + \omega_j = \sum_{i=1}^{m} p_{ij} + \frac{(n-2)}{4} \cdot \sum_{i=2}^{m} \left(\frac{m \cdot \sum_{i'=1}^{i-1} p_{i'j}}{i-1} \right), \quad \forall j \in [1,n]$$

$$(5.2)$$

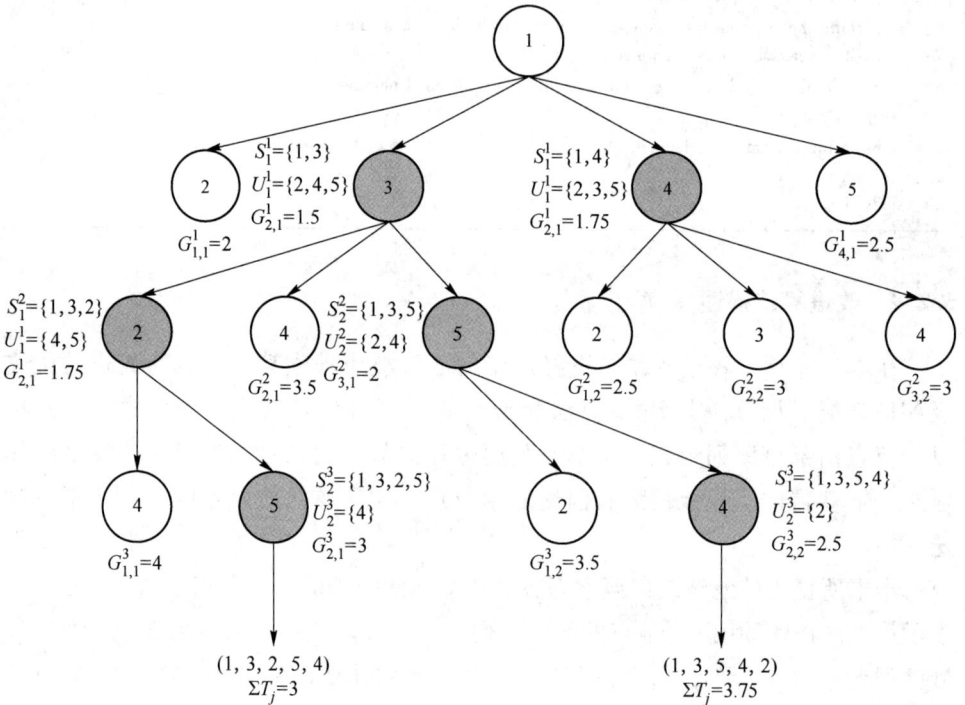

图 5.4　FASB 算法示例

　　分支（步骤 2.1）。每个节点 S_l^k 被分支以形成 $n-k$ 个子节点，通过在部分序列 S_l^k 的末尾添加 $u_{v,l}^k$，从节点构造子节点 $v(v \in [1, n-k])$。迭代次数 k 中子节点的数目是 $\gamma(n-k)$。

　　节点评估（步骤 2.2）。如前所述，子节点根据权重两个分量的索引进行评估：

　　（1）"遗传"代码。该部分测量子节点的遗传后代，以此能够比较具有不同排序作业（来自不同节点）的子节点。显然 S_l^k 节点的每个子节点具有相同的遗传密码。

　　（2）最后一个元素的影响。测量在部分序列末尾插入的最后一个作业的影响。

节点选择（步骤 2.3）。在迭代 k 的 $\gamma(n-k)$ 个子节点中，最好的 γ 个被保留为迭代 $k+1$ 的节点集。即在迭代 k 中，具有 G_{vl}^k 指标最低值的 γ 节点（$\forall v \in \{1, \cdots, n-k\}$，$l \in \{1, \cdots, \gamma\}$）被选择用于下一次迭代。

最终评估（步骤 3）。在上一次性迭代中选择节点的总提前和延迟性，即评估节点 S_l^{n-1}（$\forall l \in 1, \cdots, \gamma$）。产生最小的总提前或延迟的序列是滤波波束搜索算法的最终序列。

为了使算法更快速精确地对目标解集进行搜索，提出了一种基于精英搜索策略的滤波波束搜索算法。

算法流程如图 5.5 所示，图中可以清晰地看出滤波波束搜索算法的完整流程和算法的搜索原理。

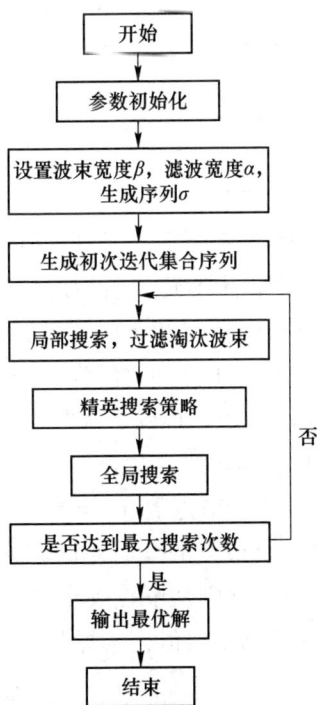

图 5.5 滤波波束搜索算法流程图

5.3 滤波波束搜索算法实例分析

为了更容易地理解滤波波束搜索算法，下面给出一个实例问题。该问题是根据表 5.4 中所述的处理时间 p_{ijk} 在两台机器上执行三个作业（总共六个操作）。选

择的目标函数为 $0.4F_1 + 0.3F_2 + 0.3F_3$。设置 $b=2$ 和 $f=2$。选择 M_SPT 作为局部评估函数，并且全局评估函数也由 M_SPT 规则表示。

表 5.4　处理时间信息

作业	操作	M_1	M_2
J_1	O_{11}	3	8
	O_{21}	5	2
J_2	O_{12}	1	4
	O_{22}	7	3
J_3	O_{13}	7	2
	O_{23}	2	6

　　问题的完整波束搜索树如图 5.6 所示，其中 F 和 G 分别表示局部和全局评估函数值。如 M_NONDELAY 子例程中所述，s_{ijk} 指的是如果要在机器 M_k，$M_k \in M_{ij}$ 上分配操作 O_{ij} 的开始时间。例如，在波束 1 的第二层中，如果要在机器 1 上分配 O（以 1-1-1 表示），则机器上操作的开始时间为 $s_{111}=1$。

　　启动后，使用 M_NONDELAY 子例程确定从根生成的节点。其由 i-j-k 和 s_{ijk} 表示。生成六个节点（即 1-1-1 $s_{111}=0$，1-1-2 $s_{112}=0$，1-2-1 $s_{121}=0$，1-2-2 $s_{122}=0$，1-3-1 $s_{131}=0$，1-3-2 $s_{132}=0$）。由于节点数（$N=6$）大于 $b(=2)$，因此执行所提出算法中的步骤 2(3) 来计算每个节点的全局评估函数值并确定初始的两个波束节点。全局评估函数值是 M_SPT 规则从节点表示的部分时间表中获得的完整时间表的目标函数值。基于全局评估函数值，选择节点 1-2-1 $s_{121}=0$ 和节点 1-3-2 $s_{132}=0$ 作为初始波束节点。

　　然后，将算法分别应用于这两个节点，并根据步骤 3 从每个节点生成一个局部树，最后形成两条平行的光束路径。在波束 1 的级别 2、3 和 4 中，由于要进行全局评估的节点的全同，因此使局评估值相用机器之间的工作负载平衡来打破束缚。例如，在确定波束路径 1 的级别 4 中的波束节点之前，机器 1 上的工作负载为 4，机器 2 上的工作负载为 2，因此，选择节点 2-2-2 作为级别 4 中的光束节点，开始时间为 2。在算法结束时，获得了两个时间表。实际上，这两个时间表是相同的。

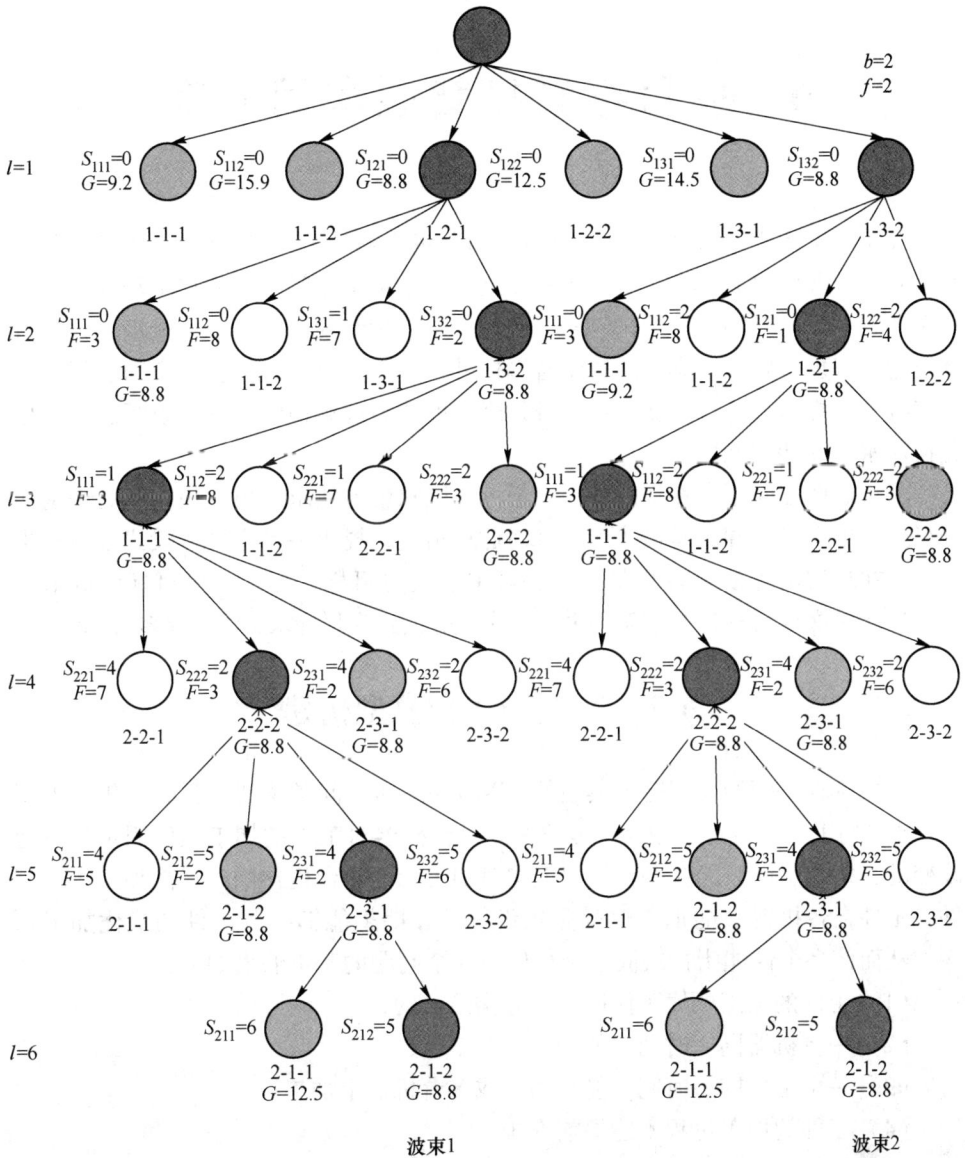

图 5.6 说明性样本的过滤束搜索树

6 多目标置换智能车间调度

在实际生活中，置换流水车间调度问题可以解决实际生产中的许多复杂问题，对生产调度研究具有十分重大的意义。基于加工车间复杂的加工环境以及现代企业对生产产品的要求越来越多，普通的单目标车间调度已经不能满足大多数企业的生产加工要求。本章通过结合国内外学者对多目标置换流水车间多年研究的基础上，提出一种基于滤波波束散发理论的滤波波束搜索算法，以解决多目标置换流水车间调度问题。

多目标调度问题存在求解方法，但大多数求解方法求解出的最优解为平衡多个目标，单个目标并不是最优值。针对此种情况，提出一种主次分段式多目标求解法，在求解出主要目标最优值后，再求解次要目标，保证主要目标的取值最优，还能对次要目标进行求解，并基于主次分段式多目标求解法构建多目标模型。

6.1 问题描述和模型构建

置换流水车间调度问题是典型的 NP-hard 问题。问题描述为：m 台机器加工 n 个独立的工件，且加工顺序不能改变。每台机器对工件的加工顺序固定且不能改变的。每个工件只能在一台机器上同时加工，而每台机器同时只能加工一个工件，工件在各机器上的加工时间是预设好的。期望能够得到工件的最优加工顺序，从而使多个性能指标共同达到最优。这个问题的基本假设如下：

（1）工件的加工顺序不能改变，并是给出的；

（2）一台机器同一时间只能加工一个工件；

（3）一个工件同一时间不能在两台或多台机器上加工；

（4）工件的加工过程不能提前安排；

（5）工件的准备时间也属于加工时间；

（6）产品加工间无等待时间。

本章中使用的参数及变量如下：

S 为可行排序集合，$\{J_1, J_2, \cdots, J_n\} \in S$；

$t(i,j)$ 为工件 J_i 在机器 M_j 上的加工时间；

$s(i,j)$ 为工件 J_i 在机器 M_j 上的加工的开始时间；

$C(i,j)$ 为工件 J_i 在机器 M_j 上的完成时间；

C_i 为工件 J_i 的完成时间；

C_{max} 为工件的最大完成时间；

d_i 为工件 J_i 的交货期限；

T_i 为工件 J_i 的延迟时间；

$\sum T_i$ 为工件的总延迟时间。

本章中多目标置换流水车间调度问题的优化目标是：确定各个工件在每台机器上的最优加工顺序 S^*，使得最大完成时间 C_{max} 以及总延迟和提前时间 $\sum(E_i + T_i)$ 达到最小，最大完成时间越小意味着时间成本越低，延迟和提前时间越小意味着所有工件质量的总体情况越好。

多目标置换流水车间调度问题的目标函数及相关约束条件如下：

$$n(d + P) \sum_{i=1}^{n} C_{max} + \sum_{i=1}^{n} (E_i + T_i) \tag{6.1}$$

$$T_i \geqslant C_{im} - d \quad i = 1, \cdots, n \tag{6.2}$$

$$E_i \geqslant d - C_{im} \quad i = 1, \cdots, n \tag{6.3}$$

s. t.
$$C(1,1) = t(1,1) \tag{6.4}$$

$$C(1,j) = C(1,j-1) + t(1,j) \quad j = 2, \cdots, m \tag{6.5}$$

$$C(i,1) = C(i-1,1) + t(i,1) \quad i = 2, \cdots, n \tag{6.6}$$

$$C(i,j) = \max\{C(i-1,j); C(i,j-1)\} + t(i,j) \quad i = 2, \cdots, n; \quad j = 2, \cdots, m \tag{6.7}$$

$$C_i = C(i,m) = \max\{C(i-1,m); C(i,m-1)\} + t(i,m) \quad i = 2, \cdots, n \tag{6.8}$$

$$C_{max} = C(n,m) \tag{6.9}$$

$$T_i = \max\{0, C_i - d_i\} \quad i = 1, \cdots, n; \quad j = 1, \cdots, m \tag{6.10}$$

$$s(i,j) + t(i,j) \leqslant s(i+1,j) \quad i = 1, \cdots, n; \quad j = 1, \cdots, m \tag{6.11}$$

$$s(i,j) + t(i,j) \leqslant s(i,j+1) \quad i = 1, \cdots, n; \quad j = 1, \cdots, m \tag{6.12}$$

$$s(i,j) + t(i,j) = C(i,j) \quad i = 1, \cdots, n; \quad j = 1, \cdots, m \tag{6.13}$$

$$s(i,j) \geqslant 0, \quad C(i,j) \geqslant 0 \quad i = 1, \cdots, n; \quad j = 1, \cdots, m \tag{6.14}$$

上述约束条件中：

式（6.2）和式（6.3）为对提前和延误的时间施加的上下限；

式（6.4）表示工件 J_1 在机器 M_1 上的完成时间等于工件 J_1 在机器 M_1 上的加工时间；

式（6.5）表示工件 J_1 在机器 M_j 上的完成时间等于工件 J_1 在机器 M_{j-1} 上的完成时间与工件 J_1 在机器 M_j 的加工时间之和；

式（6.6）表示工件 J_1 在机器 M_1 上的完成时间等于工件 J_{i-1} 在机器上完成时间与工件 J_i 在机器 M_1 上的加工时间之和；

式（6.7）表示工件 J_i 在机器 M_j 上的完成时间等于工件 J_{i-1} 在机器 M_j 上的

完成时间和工件 J_i 在机器 M_{j-1} 上的完成时间之中的较大值与工件 J_i 在机器 M_j 上的加工时间之和；

式（6.8）表示工件 J_i 的完成时间等于工件 J_{i-1} 在机器 M_m 上的完成时间和工件 J_i 在机器 M_{m-1} 上的完成时间之中的较大值与工件 J_i 在机器 M_m 上的加工时间之和；

式（6.9）表示工件的最大完成时间即工件 J_n 在机器 M_m 上的完成时间；

式（6.10）表示总延迟时间等于工件 J_i 的完成时间和其交货期的差值与零之中的较大值；

式（6.11）表示在某个时刻，机器 M_j 上最多只能有一个工件在加工；

式（6.12）表示所有工件的工艺路线均相同；

式（6.13）表示工件 J_i 在机器 M_j 上加工的结束时间等于在机器 M_j 上加工的开始时间加上加工时间；

式（6.14）为非负约束。

6.2　仿　真　实　验

6.2.1　实验设置

算法程序是在 MATLAB 上进行编码的，仿真实验是在具有 Windows 2019 操作系统的 Intel(R)Core(TM)i7-7800 CPU 2.8GHz 和 12.00GB 内存的主机上运行。

将 FBSA 算法与相关算法进行比较，使用 141 个实例来测试所考虑的算法：

（1）Reeves 提供的 21 个实例：Rec01 至 Rec41，其包含多个大小不同的子集，范围包括了不同工件数与不同机器数的多个组合；

（2）Taillard 提供的 120 个实例：Ta001 至 Ta120 由 12 个不同大小的子集组成，范围从 20 个作业和 5 台机器到 500 个作业和 20 台机器。这些算法的解与 Lin 等人提供的最著名解之间的相对偏差（Relative Deviation，RD）收集用以比较 FBSA 和其他算法的性能。平均相对偏差（Average Relative Deviation，ARD）和最佳相对偏差（Best Relative Deviation，BRD）用于测量实验结果的质量。ARD 和 BRD 的值计算如下：

$$ARD = \frac{1}{R}\sum_{r=1}^{R}\frac{C_r - C_R^*}{C_R^*} \times 100\% \tag{6.15}$$

$$BRD = \frac{C_{\text{best}} - C_R^*}{C_R^*} \times 100\% \tag{6.16}$$

式中，C_R^* 表示最佳解决方案，每个测试用例独立执行 30 次用以进行比较，因此，独立运行的数量 R 设置为 30；C_r 是第 30 次独立运行中的第 r 个实验的解；C_{best} 是在 R 运行中找到的最佳解决方案，即 C_{best} 是 C_r 的最小值。并在输出最佳的解决方案后终止算法的运行。

6.2.2 参数设置

对于所提出的算法，应调整五个关键控制参数以启动搜索。五个参数的值会影响算法的性能，已经对五个参数进行了敏感性分析，以确定不同参数组合对算法性能的影响。根据参数敏感性分析方法，从 Taillard 的实例中选择了四个大小不同的问题（20×10、50×20、100×20 和 200×20）。然后，通过参数值的不同组合解决问题。介绍了方差多因素分析（ANOVA）方法来研究实验结果。根据方差分析结果和 Taillard 实例分析，模型参数的取值范围如下（单位：s）：$0 < p_{iu} \leqslant 100$，$0 < p_k^i \leqslant 100$，$0 < p_{iu} \leqslant 2000$，$0 < p_k^i \leqslant 2000$，$0 < L \leqslant 2200$。

6.2.3 算法比较

在下面的实验中，将 FBSA 与种群自适应粒子群优化（Population Adaptation Particle Swarm Optimization，PAPSO）、基于激素调节机制的花朵授粉算法（Flower Pollination Algorithm Based on the Hormone Modulation Mechanism，HMM-FPA）、离散水波优化（Discrete Water Wave Optimization，DWWO）、禁忌搜索改进的贪婪迭代法（Tabu-Mechanism Improved Iterated Greedy，TMIIG）、离散粒子群优化（Discrete Particle Swarm Optimization，DPSO）和改进的迭代贪婪算法（Improved Iterated Greedy Algorithm，IIGA）等算法进行对比。应用了两个不同规模的标准基准测试集测试上述算法的性能。对于 Reeves 实例，表 6.1 中列出 7 个比较算法的计算结果。每个实例的最佳结果以黑体字给出。从表 6.1 中可以看出，由 FBSA 算法获得的大多数 BRD 值优于其他比较算法，或仅在 Rec41 实例中至少相等，如在 Rec41 实例上，FBSA 算法产生的 BRD 值 0.06 大于 HMM-FPA 算法获得的对应值 0.00。此外，FBSA 算法获得的 ARD 值优于或等于其他比较算法。图 6.1 显示了 21 个 Reeves 实例的 ARD，该图表明 FBSA 算法的性能优于Reeves 实例上的其他最新算法。

表 6.1　根据 Reeves 的基准测试结果比较

实例		FBSA		PAPSO		HMM-FPA		DWWO		TMIIG		DPSO$_{VND}$		IIGA	
		BRD	ARD	BRD	ARD	BRD	ARD	BRD	ARD	BRD	ARD	BRD	ARD	BRD	ARD
Rec01	1525	0.00	0.00	0.00	0.00	0.00	0.00	0.00	0.00	0.00	0.00	0.00	0.00	0.00	0.00
Rec03	1364	0.00	0.00	0.00	0.00	0.00	0.00	0.00	0.00	0.00	0.00	0.00	0.00	0.00	0.00
Rec05	1514	0.00	0.00	0.00	0.04	0.00	0.06	0.00	0.02	0.00	0.00	0.00	0.00	0.00	0.00
Rec07	2044	0.00	0.00	0.00	0.00	0.00	0.00	0.00	0.02	0.00	0.00	0.00	0.00	0.00	0.00
Rec09	2044	0.00	0.00	0.00	0.00	0.00	0.00	0.00	0.00	0.00	0.00	0.00	0.00	0.00	0.00

续表6.1

实例		FBSA		PAPSO		HMM-FPA		DWWO		TMIIG		DPSO$_{VND}$		IIGA	
		BRD	ARD	BRD	ARD	BRD	ARD	BRD	ARD	BRD	ARD	BRD	ARD	BRD	ARD
Rec11	1884	**0.00**	**0.00**	**0.00**	**0.00**	**0.00**	**0.00**	**0.00**	**0.00**	**0.00**	**0.00**	**0.00**	**0.00**	**0.00**	**0.00**
Rec13	2547	**0.00**	**0.00**	**0.00**	**0.00**	**0.00**	**0.00**	**0.00**	0.04	**0.00**	**0.00**	**0.00**	**0.00**	**0.00**	**0.00**
Rec15	2527	**0.00**	**0.00**	**0.00**	**0.00**	**0.00**	**0.00**	**0.00**	**0.00**	**0.00**	**0.00**	**0.00**	**0.00**	**0.00**	**0.00**
Rec17	2586	**0.00**	**0.00**	**0.00**	**0.00**	**0.00**	**0.00**	**0.00**	**0.00**	**0.00**	**0.00**	**0.00**	**0.00**	**0.00**	**0.00**
Rec19	2852	**0.00**	**0.00**	**0.00**	0.15	**0.00**	**0.00**	**0.00**	0.42	**0.00**	**0.00**	**0.00**	0.10	**0.00**	0.03
Rec21	2823	**0.00**	0.12	**0.00**	0.15	**0.00**	0.16	**0.00**	0.15	**0.00**	**0.03**	**0.00**	0.10	**0.00**	0.18
Rec23	2703	**0.00**	**0.00**	**0.00**	0.13	**0.00**	0.01	**0.00**	0.12	**0.00**	**0.00**	**0.00**	0.06	**0.00**	0.04
Rec25	3594	**0.00**	**0.00**	**0.00**	0.07	**0.00**	0.08	**0.00**	**0.00**	**0.00**	**0.00**	**0.00**	0.16	**0.00**	**0.00**
Rec27	3433	**0.00**	**0.00**	**0.00**	0.22	**0.00**	0.06	**0.00**	0.03	0.33	0.32	**0.00**	0.25	**0.00**	0.11
Rec29	3293	**0.00**	**0.00**	**0.00**	0.06	**0.00**	0.12	**0.00**	0.25	**0.00**	0.15	**0.00**	0.06	**0.00**	**0.00**
Rec31	4305	**0.00**	**0.12**	0.38	0.76	0.15	0.21	0.22	0.43	0.08	0.28	0.13	0.38	0.52	0.77
Rec33	4421	**0.00**	**0.22**	0.08	1.01	**0.00**	0.55	0.27	0.64	**0.00**	0.41	0.26	0.71	0.80	1.23
Rec35	4395	**0.00**	**0.13**	0.38	1.22	**0.00**	0.84	0.13	0.37	**0.00**	0.22	**0.00**	0.38	0.42	0.77
Rec37	8005	**0.00**	**0.37**	0.66	1.08	0.24	0.66	0.25	0.47	0.31	0.56	0.25	0.68	1.14	1.44
Rec39	8417	**0.08**	**0.34**	0.42	0.99	0.20	0.64	0.42	0.66	0.16	0.46	0.18	0.71	0.92	1.35
Rec41	8433	0.06	**0.43**	0.66	0.98	**0.00**	0.68	0.16	0.48	0.08	0.46	0.37	0.72	1.12	1.23

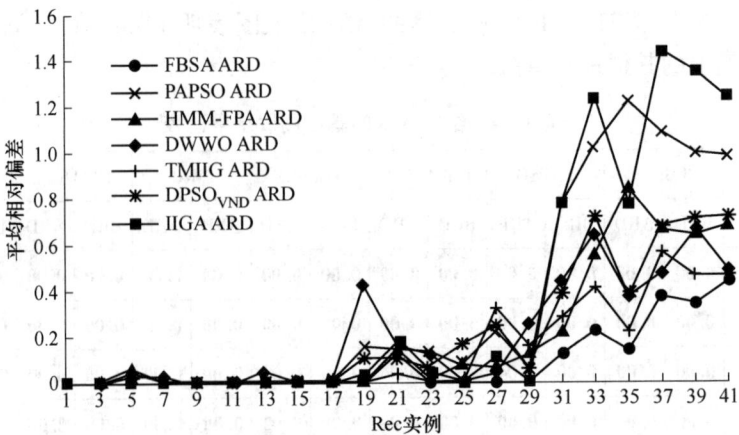

图 6.1　各算法 Rec 实例中的 ARD 值

Taillard 实例是为了进一步证明 FBSA 在解决大规模问题方面的性能。表 6.2 总结了 7 个比较算法的计算结果。

表 6.2 根据 Taillard 的基准测试结果比较

$n \times m$	FBSA		PAPSO		HMM-FPA		DWWO		TMIIG		DPSO$_{VND}$		IIGA	
	BRD	ARD	BRD	ARD	BRD	ARD	BRD	ARD	BRD	ARD	BRD	ARD	BRD	ARD
20×5	**0.00**	**0.00**	**0.00**	0.01	**0.00**	**0.00**	**0.00**	0.01	**0.00**	**0.00**	**0.00**	**0.00**	**0.00**	**0.00**
20×10	**0.00**	**0.00**	**0.00**	0.02	**0.00**	**0.00**	**0.00**	0.02	**0.00**	**0.00**	**0.00**	**0.00**	**0.00**	0.00
20×20	**0.00**	**0.00**	**0.00**	0.01	**0.00**	**0.00**	**0.00**	0.01	**0.00**	**0.00**	**0.00**	**0.00**	**0.00**	0.01
50×5	0.15	**0.38**	0.63	0.97	0.23	0.35	0.25	0.52	0.34	0.45	0.56	0.78	**0.14**	0.35
50×10	**0.01**	0.21	0.26	0.66	0.05	**0.19**	0.18	0.38	0.14	0.28	0.49	0.69	0.08	0.24
50×20	**0.03**	**0.11**	0.28	0.57	0.06	0.38	0.08	0.32	0.18	0.28	0.35	0.65	0.04	0.24
100×5	**0.52**	0.86	1.96	2.35	0.60	1.15	2.27	2.67	0.69	**0.77**	1.27	1.56	0.94	1.25
100×10	**0.41**	**0.66**	1.25	1.78	0.48	0.96	0.53	0.76	0.52	0.66	0.94	1.26	0.56	0.88
100×20	**0.33**	0.62	1.03	1.37	0.43	0.67	0.33	**0.55**	0.48	0.73	0.94	1.24	0.51	0.80
200×10	**1.26**	1.45	3.08	3.50	1.25	1.47	1.99	2.35	**1.15**	**1.35**	2.03	2.24	1.87	2.16
200×20	**0.82**	**0.97**	2.35	2.73	1.02	1.37	0.95	1.21	1.05	1.23	1.78	2.09	1.36	1.61
500×20	**1.54**	**1.73**	4.36	4.73	2.12	2.33	2.43	2.66	2.18	2.31	3.27	3.42	3.15	3.45
Avg	**0.42**	**0.58**	1.24	1.55	0.52	0.74	0.75	0.96	0.56	0.67	0.93	1.16	0.72	0.92

表 6.2 中黑体字给出了每种度量的最佳结果,可以看出 FBSA 的平均 BRD 值 0.42 分别好于 PAPSO、HMM-FPA、DWWO、TMIIG、DPSO$_{VND}$ 和 IIGA 的相应值 1.24、0.52、0.75、0.56、0.93、0.72。FBSA 获得的 ARD 值 0.58 也优于其他先进算法获得的 1.55、0.74、0.96、0.67、1.16、0.92。对于大型实例,在相同的运行时间下,FBSA 优于其他算法。表 6.2 中表明 FBSA 在 7 种算法中排名最优。Taillard60、Taillard80、Taillard100 和 Taillard120 上算法的平均收敛曲线如图 6.2 ~ 图 6.5 所示,从图中可以看出与不同大小的 Taillard 实例上的比较算法相比,FBSA 的收敛速度更快。图 6.2 和图 6.3 显示 FBSA 算法在运行 1s 后算法收敛性要明显优于其他 6 种智能启发式算法。

图 6.4 和图 6.5 将 FBSA 算法和其他 6 种智能启发式算法在 TA100 和 TA120 算例中进行比较,图 6.4 显示 FBSA 算法在运行 6s 后算法收敛性要明显优于其他 6 种智能启发式算法,图 6.5 显示 FBSA 算法在运行 30s 后算法收敛性要明显优

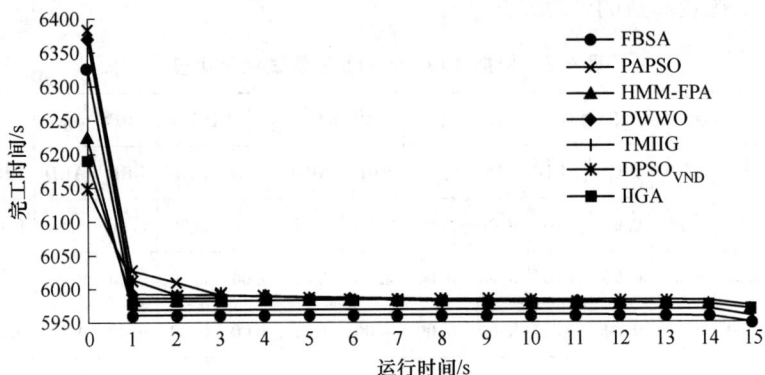

图 6.2　TA60 算例收敛图

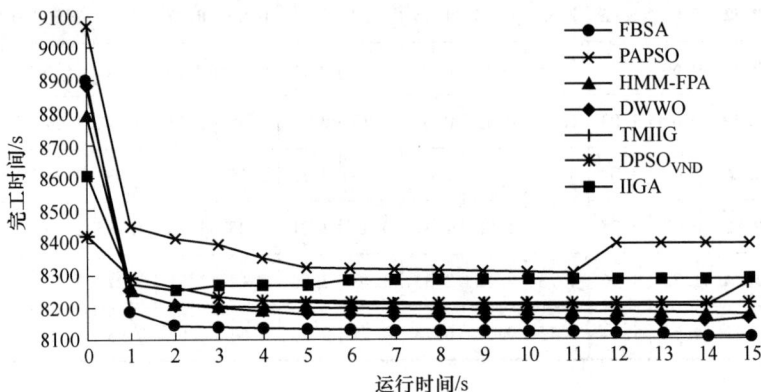

图 6.3　TA80 算例收敛图

于其他 6 种智能启发式算法。图 6.6 显示了 Taillard 实例的 12 种不同比例的 ARD，从图中可以看出，FBSA 的性能优于 Taillard 实例的其他算法，表明 FBSA 在解决 NWFSP 方面的有效性。

图 6.7 为 FBSA 算法在 TA11 实例中获得的最佳解决方案的甘特示意图，其中设备数 $m = 10$，工件数 $n = 20$。从图中可显示出通过 FBSA 算法改进后的算法在多设备加工问题可以最大程度上缩减加工时间。

进行 Friedman 检验以对算法进行排名，Friedman 的测试是基于 SPSS 软件实现的。表 6.3 列出了弗里德曼测试获得的上述 7 种算法的平均排序。根据选择的算法其优化结果在统计上存在显著差异，$\chi^2 = 351.803$，$p = 6.3191E - 73$，$\alpha = 0.05$，$\alpha = 0.01$。

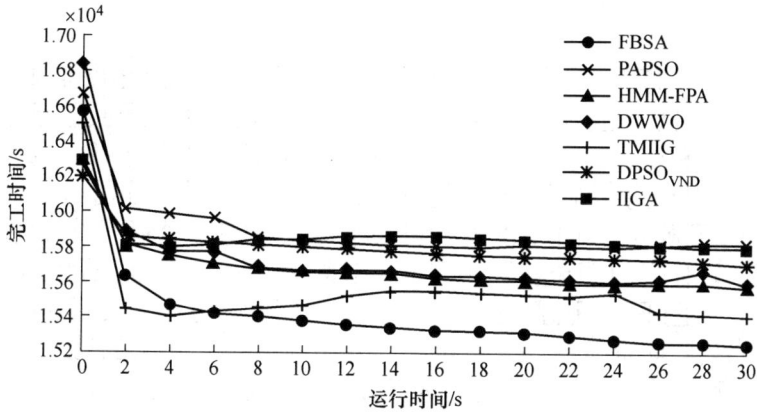

图 6.4   TA100 算例收敛图

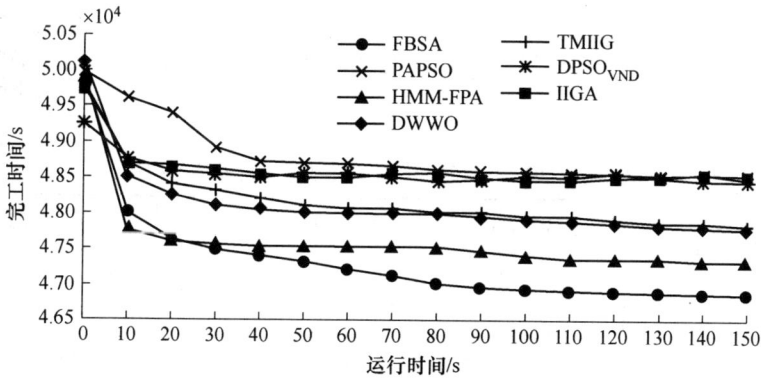

图 6.5   TA120 算例收敛图

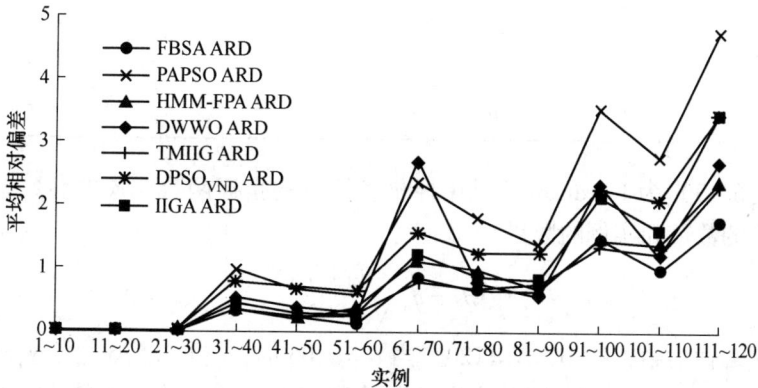

图 6.6   各算法 Taillard 实例中的 ARD 值

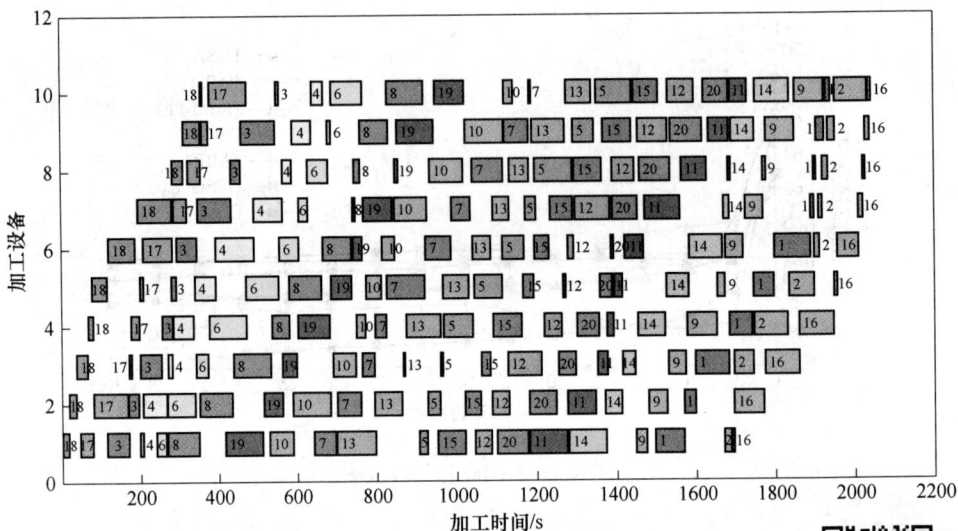

图 6.7　Taillard 实例甘特示意图解决方案

图 6.7 彩图

表 6.3　通过 Friedman 测试获得的比较算法的排序

Algorithm	Mean Rank	Chi-Square	p-value
FBSA	2.43		
PAPSO	6.24		
HMM-FPA	3.15		
DWWO	4.04	351.803	6.3191E−73
TMIIG	2.91		
DPSO$_{VND}$	5.21		
IIGA	3.90		

　　式（6.17）为 Friedman 测试中评价各算法的指标函数，式中参数 k 和 N 分别是算法的数量和实例的数量。

$$CD = q_\alpha \sqrt{\frac{k(k+1)}{6N}} \tag{6.17}$$

　　在实验评估中，$k=6$，$N=120$。当 $\alpha=0.05$ 时，$q_\alpha=2.576$，当 $\alpha=0.01$ 时，$q_\alpha=3.091$。图 6.8 为以 FBSA 作为控制算法的 Friedman 测试的结果，该图表明 FBSA 明显优于其他比较算法。

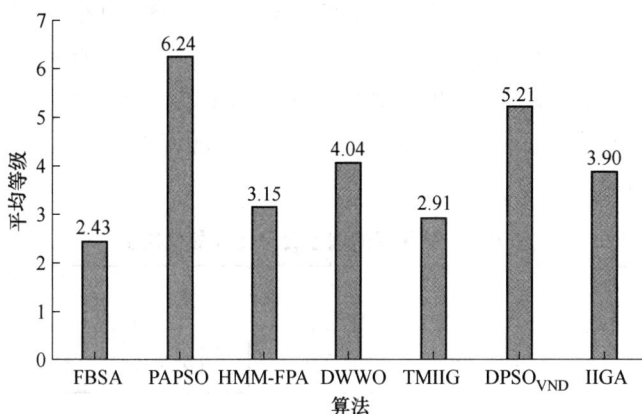

图 6.8 通过 Friedman 检验获得的排名

以上算例通过对平均相对偏差和最佳相对偏差的比较证明 FBSA 算法在工件与机器数相同的条件下，不仅最大完工时间远低于其他 6 种智能优化算法，而且运行速度和收敛速度更快。除了最小化最大完工时间外，本书解决的问题还有最小化提前延误时间，为了验证算法的有效性，本章采用 Taillard Benchmark 问题中的多个不同规模的典型算例进行测试，通过计算各个算法的 ARD 及 BRD 值并将仿真结果与邻域搜索算法（Neighborhood Search Algorithm，NS）、模拟退火算法（Parthasarathy and Rajendran's Simulated Annealing Algorithm，PRSA）、改进模拟退火算法（Zegordi's Simulated Annealing Algorithm，ZSA）、可变贪婪算法（Framinan and Leisten's Variable Greedy Algorithm，FLVG）以及快速蚁群算法（Fast Ant Colony Algorithm，FACO）进行比较。

其中工件数量 n 从 $\{8, 10, 12, 15, 20, 25, 30, 40, 50, 75, 100\}$ 选取时，机器数量 m 从 $\{5, 10, 20\}$ 中选取。每台机器的作业处理时间用 $1 \sim 100$ 内的整数表示，作业的到期日期使用整数 $MS(1-r-R/2)$ 和 $MS(1-r+R/2)$ 上均匀随机生成的。其中 MS 是使用 Taillard 提出的完成时间下限找到问题的预计完成时间，R 和 r 是两个参数，称为到期日期范围和拖延因素。测试了三个级别的到期日范围 $R = 0.2$、0.6、1.0 和五个级别的到期日密度 $r = 0$、0.2、0.4、0.6、0.8。一共会产生 15 组到期日参数，设置了一个时限停止实验过程，时限设置为 $(n \times 0.2 + 0.5) \times (n/20)^2 \times (M/5)$。百分比偏差 Dev 为评价最佳的早期型和延误性的重要指标，$Dev = [(Z_h - Z_o)/Z_o] \times 100$，$Z_o$ 为最佳解决方案，Z_h 为总解决方案。

表 6.4 显示了每个算法得出的最优偏差百分比以及每个算法针对要解决的问题所对应的作业数量（n）和机器数量（m）生产最佳解决方案的次数。结果表明，FBSA、FLVG 和 FACO 算法始终生成最佳或接近最佳的解决方案。这

ROR66

些算法生成的结果在总早期和延误范围之内，并且能生成更多的最佳解决方案。FBSA 算法的平均最优偏差百分比最低，并针对 9 个算例要解决的问题，生成了 8 个最佳解决方案。NS 和 PRSA 算法的平均最优偏差百分比超过 1%，生成最优解的算例少于一半。ZSA 算法的平均最优偏差百分比最高，生成的最优解的算例最少。

表 6.4　最优解的偏差百分比和最优次数

生产规模		解决方案					
n	m	NS	PRSA	ZSA	FBSA	FLVG	FACO
8	5	1.47(106)	0.96(115)	1.09(109)	0.01(149)	0.13(144)	0.02(146)
8	10	1.15(112)	0.69(123)	0.52(117)	0.00(150)	0.03(148)	0.00(148)
8	20	0.85(109)	0.67(123)	0.69(103)	0.00(149)	0.02(147)	0.00(151)
10	5	1.34(86)	1.27(87)	2.05(56)	0.09(138)	0.23(126)	0.18(126)
10	10	2.32(65)	0.96(104)	1.75(67)	0.08(144)	0.35(128)	0.12(133)
10	20	0.56(83)	0.55(108)	1.39(58)	0.06(141)	0.07(136)	0.06(135)
12	5	2.33(57)	2.14(74)	4.47(27)	0.27(115)	0.55(97)	0.72(82)
12	10	2.75(48)	1.63(75)	3.76(26)	0.40(108)	0.56(95)	0.55(83)
12	20	1.86(42)	1.22(87)	2.83(29)	0.10(133)	0.37(101)	0.27(97)

表 6.5 ~ 表 6.7 显示了当 m 为固定值时，每个算法的最优偏差百分比和生成最佳解决方案的次数。结果表明，FBSA 算法在每个方案上均表现最佳，与其他算法相比，FBSA 算法的平均最优偏差百分比最低，并且生成的最优解决方案次数最多。同时，在 24 个算例中，FBSA 算法有 20 个算例平均最优偏差百分比低于 1%。PRSA 算法次优，其所有方案的平均最优偏差百分比均低于 3.5%，每个方案的总平均最优偏差百分比低于 2%。随着工作数量的增加，FLVG 和 FACO 算法的结果趋于恶化。ZSA 算法的结果很差，所有方案的平均最优偏差百分比均高于 4%，并且没有生成最适合任何问题的解决方案。

表 6.5 显示当 $m=5$ 时，当 n 的值为 15 ~ 100 时，FBSA 算法的最优解偏差百分比较低且最佳次数明显优于其他智能算法，证明 FBSA 算法在该算例下性能优于其他智能优化算法。

表6.5 最优解的偏差百分比和最佳次数（$m=5$）

n	解 决 方 案					
	NS	PRSA	ZSA	FBSA	FLVG	FACO
15	2.87(43)	3.35(45)	6.84(7)	0.55(108)	1.62(57)	1.44(37)
20	3.94(27)	3.27(38)	9.15(1)	0.65(86)	3.27(14)	3.04(11)
25	2.67(33)	3.26(27)	9.37(1)	0.56(88)	4.25(13)	3.53(7)
30	3.13(36)	2.95(23)	10.42(0)	0.85(76)	4.37(14)	4.24(5)
40	2.53(27)	2.66(34)	11.16(0)	0.91(79)	7.04(3)	4.57(2)
50	3.65(33)	2.85(42)	11.54(0)	0.86(73)	6.67(6)	5.23(2)
75	5.03(8)	2.27(45)	11.15(0)	0.79(90)	5.96(8)	4.65(6)
100	6.63(5)	1.65(63)	11.66(0)	1.05(70)	4.77(13)	4.72(5)

表6.6 显示当 $m=10$ 时，当 n 的值为 15~100 时，FBSA 算法的最优解偏差百分比较低且最佳次数明显优于其他智能算法，证明 FBSA 算法在该算例下性能优于其他智能优化算法。

表6.6 最优解的偏差百分比和最佳次数（$m=10$）

n	解 决 方 案					
	NS	PRSA	ZSA	FBSA	FLVG	FACO
15	4.07(26)	1.85(67)	6.07(8)	0.39(103)	1.43(63)	1.67(33)
20	4.03(15)	2.79(42)	8.13(3)	0.55(95)	2.97(26)	2.77(17)
25	3.57(23)	2.96(35)	9.25(3)	0.52(94)	3.73(23)	4.45(5)
30	3.92(12)	3.06(34)	10.35(0)	0.55(101)	4.78(8)	4.86(6)
40	4.05(21)	2.84(33)	12.29(0)	0.87(88)	5.75(7)	6.57(2)
50	4.09(15)	2.65(33)	12.03(0)	0.76(89)	6.57(9)	5.72(3)
75	7.55(4)	2.35(42)	13.05(0)	0.82(91)	5.69(5)	6.07(5)
100	7.95(3)	1.98(43)	13.87(0)	1.19(85)	5.26(8)	5.82(5)

表6.7 显示当 $m=20$ 时，当 n 的值为 15~100 时，FBSA 算法的最优解偏差百分比较低且最佳次数明显优于其他智能算法。

　　表6.8和表6.9显示了拖延因子（r）和到期日范围（R）对结果的影响。结果与先前的结果一致，对于每个不同拖延因子（r）的方案中，FBSA算法的平均最优偏差百分比均低于2%，并且在所有算法中最低。除PRSA算法外，所有其他算法的平均最优偏差百分比均大于或等于4.36%。对于每个不同到期日范围因子（R）的方案中，FBSA算法的平均最优偏差百分比最低，并且每个值得平均值低于1.16%，其他算法对任何的R值的平均最优偏差百分比都高于2%。

表6.7　最优解的偏差百分比和最佳次数（$m = 20$）

n	解　决　方　案					
	NS	PRSA	ZSA	FBSA	FLVG	FACO
15	2.42(32)	1.68(49)	4.37(7)	0.22(112)	0.87(63)	1.05(33)
20	2.95(22)	2.14(38)	6.43(0)	0.40(98)	1.95(23)	2.55(11)
25	3.03(15)	2.74(29)	7.63(0)	0.35(109)	3.07(14)	3.73(2)
30	3.87(17)	3.07(26)	9.74(2)	0.53(100)	3.96(8)	4.61(0)
40	4.09(15)	3.29(36)	9.97(2)	0.73(95)	4.32(7)	5.73(0)
50	3.95(17)	3.24(25)	11.85(0)	0.59(103)	6.14(7)	6.67(3)
75	4.99(8)	2.27(43)	11.84(0)	1.04(89)	5.57(13)	6.25(2)
100	7.05(7)	2.28(42)	12.45(0)	1.07(85)	4.64(13)	5.67(2)

表6.8　基于r的最优解的偏差百分比（$n = 50$，$m = 10$）

r	解　决　方　案					
	NS	PRSA	ZSA	FBSA	FLVG	FACO
0.0	4.36	1.85	14.27	1.72	5.09	3.97
0.2	6.15	3.89	16.35	1.15	11.62	8.34
0.4	6.87	3.17	19.45	0.33	8.35	10.09
0.6	1.79	2.33	6.90	0.39	5.43	3.78
0.8	1.35	2.28	3.45	0.69	2.56	2.37

表 6.9　基于 R 的最优解的偏差百分比（$n=50$，$m=10$）

R	解决方案					
	NS	PRSA	ZSA	FBSA	FLGV	FACO
0.2	2.76	2.03	9.08	0.68	5.18	4.35
0.6	2.87	2.88	8.43	0.41	6.53	4.57
1.0	6.62	3.17	18.72	1.16	8.13	8.21

为了验证算法在实例测试中的误差情况，提出为一种测试算法误差的平均错误率（AE），AE 可表示为：

$$AE = \frac{1}{k} \sum_{i=1}^{k} \frac{Z_i - Z_{\text{opt}}}{Z_i} \times 100\% \qquad (6.18)$$

式中，Z_i 为算法 i 求得的平均完工时间；Z_{opt} 为目前已知的算例上界值；k 为算例的数量。图 6.9 为各算法的平均错误率，从图中可以看出 FBSA 的平均错误率值算法在各算法中最低，表明 FBSA 算法相较于其他算法有着更好的容错性。

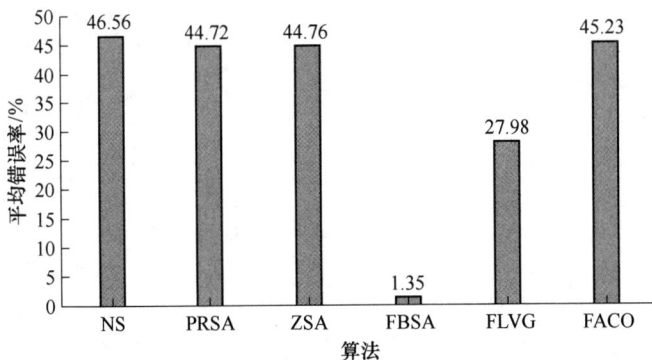

图 6.9　各算法在 Taillard 基准测试中的平均错误率

为了验证 FBSA 的求解速度和精确度，提出一种为测试算法速度和精度的改善百分比概念（IP），IP 可表示为：

$$IP = \frac{C_x - C_{\text{FASB}}}{C_x} \times 100\% \qquad (6.19)$$

式中，C_x 为改进算法在不同规模算例下的平均完工时间；C_{FASB} 为不同规模算例下 FBSA 算法的平均完工时间。图 6.10 为基于 FBSA 算法的基础上对其他算法的改善情况，由图中可以看出与其他算法相比，FBSA 算法的性能得到很大提升。

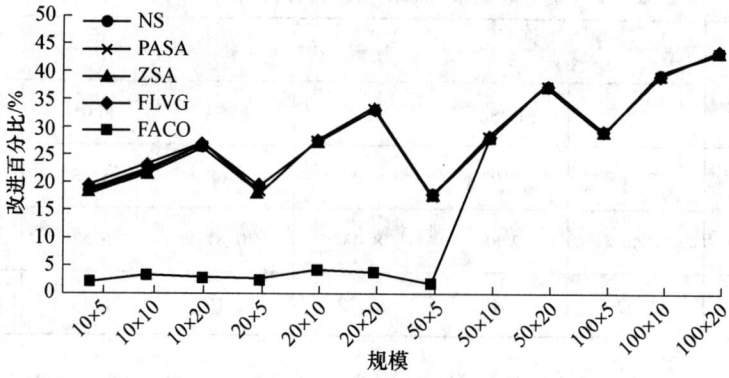

图 6.10　基于 FBSA 对其他算法的改善情况

7 云制造模式下智能车间调度模型

7.1 云制造相关理论

7.1.1 云制造概念

云制造与云计算是相似的概念，是先进的制造技术、信息技术和物联网技术等汇聚的产品，体现了服务的理念。运用了云计算和发达的网络资源，来增加现有产品的附加价值，降低产品制造总成本，更快捷的实现全球化。

云制造是一种全新的制造理念和制造模式，实现了制造业的信息化，未来的发展具有很大的空间。对其研究需要社会各方面人士的联合和共同努力才能实现，对于传统制造业而言是质的跨越，但也将是一个循序渐进的过程。传统制造型企业的信息化不够完善，故想要广大的制造企业迈入云制造会存在着相当大的困难。首先需要制造企业发展出一定的信息化基础，企业内部的物料资源、人力资源、设备资源等能够信息化监控和调配，而这一过程就已经实现了企业内部的信息与资源的整合。

在未来，制造服务型企业将是云计算连接物联网，服务平台嵌入系统，通过高效能的计算，Web 语言等技术集合而成的智慧化云制造的新模式，将知识的制造资源共享化、可视化，后端操控等应用协同技术进行难点攻破，这些都是其未来所要面临的技术挑战。

7.1.2 云制造车间调度

制造任务的供需状态和生产资源的实时状态，通过虚拟的云平台统一管理，按照加工工序和供需关系做出最优的配置方案，也就是云制造车间层调度。其中，虚拟云平台中的制造资源也是虚拟资源，但伴随调度任务的形成，调度执行者将是真实存在于加工车间中的闲置制造资源，将虚拟资源的调度转化成真实资源的复杂化调度，需将车间层面的调度作为最主要的支撑技术。

车间层的调度是指在独立生产车间内对不同的制造资源及需求信息进行建模计算，使任务集中化并进行重新安排，这种调度方案一般都要精确到分秒级。车间层的调度需要将加工时间及加工成本和不同的设备加工的差异性考虑在内，柔性车间调度突破传统车间调度中机器加工限制的问题，进而将其涉及的范围也进行了扩充，从而让车间的调度变得更加的灵活，更能适应突然变化的生产需求，其与实际的加工车间也更为吻合。

随着制造业信息化向智能化的推进，制造业的发展趋势将会是以云制造为代表的智慧制造新模式。智能化的制造平台将拥有大量的资源任务库，将车间的各种制造资源与信息资源整合，充分利用闲置资源，从而提升了资源利用率。此时，需将车间自生产任务与外协云任务协调在一个合理的水平，避免两者之间的冲突。因此，以柔性车间调度为目标的云制造需将外协云任务与自制任务综合进行考虑，使两者协同起来，统一进行调度。

7.2　协　同　制　造

7.2.1　协同制造的概念及优势

协同制造运用 Internet 技术为特征的网络技术、信息技术将串联的工作任务转化为并行任务，将敏捷制造、智能制造有机结合，并行存在制造系统中。协同制造不受供应链的条件约束，可进行跨供应链企业间的服务交流。此外，协同制造还表现出如下优势：

（1）降低供应链中供需企业双方原料或物料库存成本，可由推动式生产模式转化与销售订单先行的拉动式生产模式，将多样化、个性化客户定制产品成为可能；

（2）大大提高了供需企业在各自车间、仓库之间的调度效率，缩短订单交货周期，使供应关系更灵活，生产模式更敏捷；

（3）实现企业运营的透明性，实现物流、生产、计划可见，便于了解并监控整个制造过程；

（4）协同制造不是单一企业的协同，而是所有供需关系间的协同，从设计、配置，测试、使用、改善等整个制造过程做流程化管理，从而降低实施和改善成本；

（5）实现企业系统维护资源的降低。

7.2.2　协同制造的层次及发展

面对当今社会科技发展的大趋势，协同制造的层次大致分为：

（1）企业内部各个制造车间或系统的协同；

（2）跨企业同类型制造车间及系统间的协同；

（3）基于网络化，供应链间协同制造。

此外，对于生产模式不同的制造型企业，对敏捷制造、精益制造等方面的要求不相同。在订单式生产型企业中，仅通过人工形式的信息传递远远不能满足协同制造的要求，订单驱动生产不仅要求企业各个系统间相互的信息传递、高度协同，而且对企业成本、质量等方面的控制也更严格。同时供应链中企业存在不同系统的差异，这样对信息的集成和相互传递提出了更严格的要求，并且运行成本成倍数上升。此外，企业在市场中的定位不同，自身情况和发展方向都不同，造成对信息需求的差异。这样，对相关信息传递系统，信息实用性有了更高的要求，实用性信息在供应链不同系统中的传递驱动企业间协同任务的执行，协同制造要突破传统的集成方式，形成高速高效的调度，现有的邮件等信息交流形式远远不能满足协同制造的要求。

协同制造不是单一企业的协同，而是所有合作关系中各个部门及作业车间的协同，将所有复杂的闲置资源信息流简化成服务信息，进而驱动协同调度任务。将企业间所有可利用的制造资源由相互独立的模式转化到统一完整的控制环中来，这样也提升了闲置资源的利用率。对订单拉动式生产型企业，信息的准确性、及时性，决定着制造生产的整体节奏，协同性影响着优化生产调度模型，提升生产效率，提升物料周转率，并进行合理的库存规划，保证产品先进先出，减少呆滞品，对企业生产管理等方面意义非同小可。

7.3　烟 花 算 法

7.3.1　烟花算法的概念及特点

受烟花爆炸启发而提出种群智能算法—烟花算法（Fireworks Algorithm，FWA）。烟花爆炸产生火花的过程就是领域搜索过程，爆炸产生的火花就是邻域内的可行解，但是因烟花爆炸产生的半径和火花数的不同，造成领域搜索范围和可行解数量的不同。爆炸半径和爆炸产生的烟花数目和适应度值有关，适应度越好，半径和数目越小，局部搜索能力好，反之，半径和数目越大，全局搜索能力好。在整个搜索过程中，烟花间的信息共享、资源分配推动寻优的进度，直到搜索到最优解。

2010 年谭营教授等首次提出了烟花算法，此后学术界对烟花算法的研究越来越广泛。但算法仍有不足，为改进算法的性能，对烟花算法特点进行了细致、深入地研究，并与其他智能算法向融合成混合智能算法，或提出相应的改进算法，使得原始的烟花算法更加完善，适用范围更广。

（1）爆发性。邻域搜索过程就是烟花的爆炸过程，选择可行解作为下一代的父代烟花，爆炸次数随着迭代次数的增多而增多，爆炸过程就是烟花爆发性的体现。

（2）瞬时性。烟花算法在每次领域搜索过程，都是选择局部最优个体的过程，最优个体作为下一代爆炸烟花被保留，进行下一次爆炸，其他烟花个体均消失，消失的过程体现了烟花算法具有瞬时性。

（3）简单性。同其他智能算法一样，每个个体都需要感知自身周围的信息，遵循简单的规则，完成自身的使命。搜索过程和寻优过程都很复杂，但就烟花算法自身而言无非是由简单的烟花个体组成，并不复杂，简单的烟花个体表现出了烟花算法的简单性。

（4）局部覆盖性。局部搜索过程中，烟花个体都局限在一定的半径范围内（除个别超出可行域的个体）。烟花爆炸过程就是局部搜索过程，因此，烟花算法具有局部性。

（5）涌现性。所有烟花的爆炸过程都是同时进行的，所有领域搜索过程也是同步搜索的，烟花群在搜索过程里有竞争、有协作，远比单一的烟花个体更复杂、更智能。所有烟花同时爆炸并产生子代烟花共同涌现的的过程，体现了烟花算法的涌现性。

（6）分布并行性。根据适应度值的差异，烟花爆炸的辐射半径形成的可行域坐标不同，实际上，每次爆炸过程都是并行的领域搜索过程，说明烟花算法具有分布并行性。

（7）多样性。种群多样性直接决定智能算法性能，迭代过程中，群体多样性的延续，是算法搜索到最优解，避免局部寻优的保障，这也是群体优化算法区别于一般优化算法的关键之处。因此，在优化算法中，种群多样性越大，搜索范围及个体分布空间越大，找到最优解的可能性越大，同时对算法的收敛能力也没有影响。

（8）可扩充性。烟花算法中，适应度值的可控性决定了爆炸过程中辐射半径和烟花数目，这样求解问题不同时，可根据实际情况来扩充烟花和产生火花的数目，这种根据不同优化目标，不同约束问题，更改适应度值，来增减烟花数目，这一特性表明烟花算法具有可扩充性。

（9）适应性。烟花算法适应性强主要表现在，应用适应度值求解问题中，烟花算法不需要一定具有限制表达的问题。在运算过程中对问题的要求低，表现出很强的适应性。

7.3.2　变邻域动态烟花算法

变邻域搜索（Variable Neighborhood Search，VNS）是一种为避免在搜索过程中陷入局部最优，而被广泛应用启发式搜索算法。变邻域搜索就是更改搜索邻域空间的过程，通过变更邻域搜索范围，避免陷入局部寻优，提高算法全局寻优能力。本章引入交换、插入、逆序三种方式改变邻域结构：

（1）交换。交换执行顺序中随意两个工件位置。

（2）插入。随机选择工件插入任意位置。

（3）逆序。随机选择一段工序，将工件逆序。

通过该三种方式改变邻域结构，从而有效避免云制造模式下柔性车间调度问题求解过程中陷入局部最优困境。

7.4 天牛须搜索算法

7.4.1 天牛须搜索算法及原理

2017年，基于对带感知触须的天牛觅食过程的研究，提出智能种群搜索算法——天牛须搜索算法（Beetle Antennae Search Algorithm，BAS）。在 BAS 算法中，天牛个体根据触须敏锐的感知能力，向下一步的移动，可视为邻域搜索过程，且天牛个体在搜索过程可以控制移动方向，加快算法收敛速度，避免盲目随机的无规则移动，且不需要复杂的控制参数。当然，BAS 算法也有一定弊端，在搜索维度大于4时，由于天牛个体只能在当前位置感知并移动，虽然收敛速度明显加快，但容易陷入局部最优。所以，针对天牛须算法在多维规模函数优化问题中，单个个体搜索增加算法局部寻优问题，改进成一种基于学习与竞技策略的混沌天牛群搜索算法（Learning and Competing Chaos Beetle Swarm Algorithm，LCCBSA）。LCCBSA 将天牛个体搜索扩展为群体搜索，同时引入学习和竞争策略，使得天牛群带有目的性和指导性进行搜索移动。同时，竞争策略也避免在搜索过程中出现迟滞而导致局部搜索问题。由此看来，LCCBSA 有效地避免了局部寻优问题，加快了收敛速度。

7.4.2 天牛须搜索算法的设计

在求解过程中，食物的气味虚拟成函数，天牛个体根据食物的气味，找到搜索空间内最大气味食物所在位置，即为最优值。所以，模拟天牛觅食的过程，构建了 BAS 搜索最优值的过程如图7.1所示。

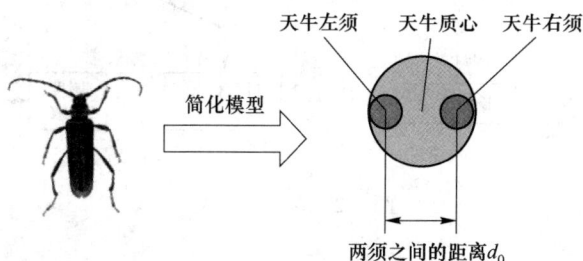

图 7.1 天牛须搜索算法模型图

在基础的天牛须搜索算法中，天牛个体的搜索范围是三维空间，而求解过程往往需要任意维度空间范围，所以采取以下优化策略对天牛须搜索可在任意维函数都可以有效求解：

（1）天牛质心位于天牛左触须和右触须正中间位置；

（2）天牛步长 $step = c \cdot d_0$（d_0 为两须之间距离，c 为常数），即天牛的大小决定天牛步长的大小；

（3）天牛移动后，天牛须的位置朝向是随机的。

7.5　问题描述

7.5.1　云制造模式下智能车间调度模型描述

云制造模式下柔性车间调度模型有限考虑车间自有生产任务，以最大完工时间最小化，车间机器利用率最大化，碳排放量最小为目标，建立如图 7.2 所示的调度框架。

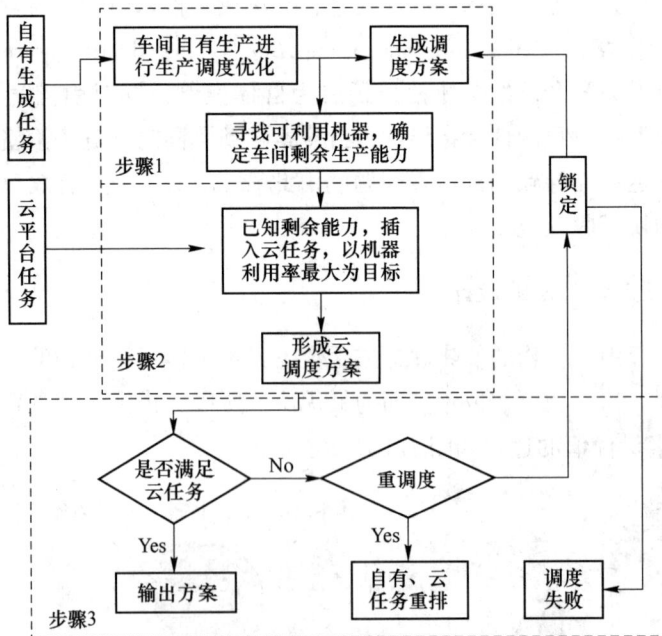

图 7.2　调度框架图

步骤 1：寻找闲置制造资源。柔性作业车间按照车间自生产任务进行优化调度，同时寻找可利用的机器，确定柔性作业车间的闲置制造资源，即剩余生产能力，等待外协调度任务。

　　步骤2：云平台任务调度。柔性作业车间的闲置制造资源已知，插入外协云平台的制造任务，进行云任务调度，以机器利用率最大化为目标，选取最优的云平台调度方案。

　　步骤3：确定最终调度方案。如果云平台调度方案符合外协云平台任务要求，生成最终调度方案；反之，进行协同重调度，若作业车间自生产任务已经开始生产，云调度任务无法完成，则转至下一个生产周期进行再次调度。

7.5.2　云制造调度模型建立

　　假设参与云制造的某柔性作业车间有 M 台机器，X 种车间自生产产品，Y 种云平台制造产品，将所有制造产品分成若干生产批次，已知所有产品的工艺顺序，每一生产批次可作为整体处理。云平台制造任务柔性分批，批量不定；作业车间自生产任务不做要求，以满足最小化最大完工时间，最大化机器利用率，最低化碳排放量为目标，进行优化调度。

7.5.3　目标函数的确定

　　云制造模式下柔性作业车间调度问题中，为体现整个作业车间生产系统的效率，减小生产周期，以最大完工时间作为优化指标，来缩短每个工件的生产周期。此外，考虑制造业能源消耗日益严重，引入最小化碳排放，使调度在解决作业车间和云任务调度的同时，也减少实际生产的碳排放（机器加工和空闲时的碳排放）。随着能源消耗过度，节能减排的需求不断加大，而车间是制造能源消耗的主要场所，低碳问题已经成为调度问题的拓展。云制造任务和传统柔性作业车间协同调度的目的是最大限度地增加整体制造资源的利用率，故选取最大化资源利用率作为云制造模式下柔性车间调度的优化目标。

7.5.3.1　最大完工时间最小化

　　云制造模式下柔性作业车间调度模型中存在两种生产任务，分别为作业车间自生产任务和外协云平台制造任务。最大完工时间最小即从工件加工开始到最后一个工序完成所经历的最长的时间最小，这也是评价生产效率的主要形式。建立最小化最大完工时间模型：

$$F(A) = \min(\max(A_{ij}, A_{eq})) \tag{7.1}$$

式中，A_{ij} 和 A_{eq} 中偏大的值即为调度系统的最大完工时间；A_{ij} 为作业车间自生产产品 i 在工位 j 上的完工时刻；A_{eq} 为云平台任务产品 e 在 q 机器上的完工时刻。

7.5.3.2　碳排放量最小化

　　调度模型引入碳排放为优化目标，在实现作业车间调度任务的同时，也达到减少生产作业车间碳排放量的目标，降低整体作业车间消耗。即使协同调度车间调度方案的总碳排放量最小，实现低碳排放，避免不必要的碳排放，减少能源消耗。由此建立以下模型：

$$\min(B_{总}) = \sum_{i=1}^{n} \sum_{s=1}^{2} AB_{is} \tag{7.2}$$

单位时间内总排放函数模型为：

$$B = \sum_{i=1}^{3} \sum_{s=1}^{2} B_{is} \tag{7.3}$$

式中　i——机器工序号；

s——表示机器的状态；

A——最大完工时间；

B——机器的碳排放函数。

7.5.3.3　最大化柔性车间资源利用率

最大化柔性车间资源利用率，也就是最小化制造资源闲置率，即：

$$f(F) = \frac{1}{M} \min \sum_{m=1}^{M} \frac{F_m}{A_m} \tag{7.4}$$

式中　F_m——机器 m 的闲置时间；

A_m——机器 m 的最大加工时间。

7.6　模型约束

云制造模式下的柔性作业车间调度指在外协云平台任务和作业车间自生产任务协同调度的系统中，有 n 个待加工工件 $J = (J_1, J_2, \cdots, J_n)$；有 m 台机器 $M = (M_1, M_2, \cdots, M_m)$；其中，工件有若干的工序，$P_{ijk}$ 表示工件 i 在机器 k 上加工第 j 道工序。

外协云平台产品和车间自生产产品加工路径可调整，并非唯一，即使相同工序也可在不同机器上加工，但机器不同完工时间不同。其中，

$i(i = 1, 2, \cdots, n)$——工序号；

$k(k = 1, 2, \cdots, m)$——机器序号；

j——加工工序号；

g_{ij}——工件 i 的加工工序数 j；

t_{ijk}——工件 i 的第 j 道工序在机器 k 上加工时间；

S_{ij}——工件 i 在第 j 道工序的起始时间；

e_{ij}——工件 i 第 j 工序的完工时间；

p_{ij}——工件 i 的第 j 道工序的加工时间；

W——无穷大的正整数；

c_i——工件 i 的全部工序完工时间；

A_{max}——最大完工时间；

X_{ijk}——工件 i 的第 j 道工序在机器 k 上加工；

Y_{ijefk}——P_{ij} 早于 P_{ef} 在机器 k 上加工。

具体约束如下：

（1）工序约束：按照已确定调度系统中工艺顺序加工，下一道工序须在前一道工序加工完再进行加工，即：

$$S_{ij} + X_{ijk} + t_{ijk} \leqslant e_{if} \quad (1 \leqslant j \leqslant g_{ij}) \tag{7.5}$$

$$e_{ij} \leqslant A_{max} \quad (1 \leqslant j \leqslant g_{ij}) \tag{7.6}$$

（2）加工时间约束：相同时间同一机器加工唯一工序，下一工件起始时间要大于等于上一个工件完工时间，即：

$$c_{ij} + c_{ijk} \leqslant s_{ef} + W(1 - y_{ijkefk}) \quad (1 \leqslant j \leqslant g_{ij}) \tag{7.7}$$

$$e_{ij} \leqslant s_{i(j+1)} + W(1 - y_{efi(j+1)k}) \tag{7.8}$$

（3）完工时间：每个工件的完工时间都小于全部工件的完工时间，即：

$$c_{ij} \leqslant A_{max} \quad (1 \leqslant j \leqslant g_{ij}) \tag{7.9}$$

（4）机床约束：工件同一时间加工机器是唯一的，即：

$$\sum_{k=1}^{m} \sum_{j=1}^{k_{ij}} x_{ijk} = 1 \quad (1 \leqslant j \leqslant g_{ij}) \tag{7.10}$$

（5）约束中所有参数均大于等于0，即：

$$s_{ij} \geqslant 0, \quad e_{ij} \geqslant 0 \tag{7.11}$$

7.7 模 型 求 解

烟花算法受烟花爆炸的启发提出的一种群体智能算法。在算法中，通过爆炸、变异、选择等进行爆炸式搜索，爆炸过程视为邻域搜索过程，爆炸随机产生的个体烟花，视为解空间中的一个解。为保证种群的多样性，在搜索过程中，要对个体烟花进行适当变异，平衡全局搜索和局部搜索。

爆炸产生火花总数与爆炸半径如下：

$$S_i = l \frac{f_{max} - f_i + \xi}{\sum_{i=1}^{n} (f_{max} - f_i) + \xi} \tag{7.12}$$

$$R_i = A \frac{f_i - f_{min} + \xi}{\sum_{i=1}^{N} (f_i - f_{min}) + \xi} \tag{7.13}$$

式中　$i(i=1,2,\cdots,N)$——烟花序号（N 为总烟花数）；

f_i——适应度值；

$f_{\min}$——当前适应度最小值；

$f_{\max}$——当前适应度最大值；

ξ—— 一个最小量，避免出现除零；

S——烟花爆炸产生的总火花数；

A——表示最大爆炸半径。

在群体优化算法中，种群多样性越大，个体的分布情况越广，找到算法最优值的可能性越大，所以，为保证算法的收敛性能一定要保证种群的多样性。所以在算法中，适应度好的烟花不易过多爆炸，避免对子代烟花的影响，导致种群多样性减弱。但适应度较差的烟花数也要保证，所以对烟花数 s_i 进行以下约束：

$$s_i = \begin{cases} s_{\min}, & s_i < s_{\min} \\ s_i, & s_{\min} \leq s_i \leq s_{\max} \\ s_{\max}, & s_i > s_{\max} \end{cases} \tag{7.14}$$

式中　$s_{\min}$——最小爆炸火花数（$s_{\min} = 0.4 \times s$）；

　　　$s_{\max}$——最大爆炸火花数（$s_{\max} = 0.9 \times s$）。

在爆炸、高斯变异过程中，可能会出现边界范围之外的火花，此时，须通过映射原则映射回搜索范围内，即 K 维度优化，随机选择烟花 x_i，$z(z<K)$ 位置，在 x_i^k 加上一个位移构成 $x_i^k(I \leq j \leq s_i, I \leq k \leq z)$。$x_i^k$ 的生成：（1）大部分烟花，对 x_i 加随机位移得 x_i^k；（2）少数烟花，对 x_i 加高斯位移得 x_i^k，即：

$$x_j^k = x_j^k + A_i \cdot \mathrm{rand}(-1,1) \tag{7.15}$$

$$x_j^k = x_j^k + A_i \cdot \mathrm{Gaussian}(1,1) \tag{7.16}$$

如果新的位置 x_j^k 超出搜索范围，采用映射原则映射回搜索空间内，即：

$$x_j^k = x_{\min}^k + |x_j^k| \bmod (x_{\max}^k - x_{\min}^k) \tag{7.17}$$

式中　$x_{\max}^k$——第 j 个火花在 K 维度取值的上界；

　　　$x_{\min}^k$——第 j 个火花在 K 维度取值的下界。

在迭代过程中，根据距离概率取 $(l-1)$ 个个体进行下次迭代，且最终取 $(l-1)$ 个个体为最优个体作为下一代的父代烟花。此外，本书针对 K 维度的选择问题，引入动态烟花算法进行动态更新维度。K 维度过大，减少种群多样性，造成局部寻优；K 维度过小，减慢算法优化速度，收敛能力减弱。因此保证算法的全局寻优能力和收敛速度，动态调整维度 K。

爆炸烟花的进化速度为 v，则在第 t 次迭代计算时，前 $(t-1)$ 次迭代计算中最优值线性函数为：

$$y = \bar{v}x + b \tag{7.18}$$

取本次迭代计算的进化速度为 $v = |\bar{v}|$，则更新维度 K 的大小为：

$$z(t) = \begin{cases} z(t-l)\dfrac{(I-u)+(I+u)v}{I+mv}, & v < v_0 \\ z(t-I), & v = v_0 \\ z(t-I)\dfrac{l-lv}{I+v}, & v > v_0 \end{cases} \tag{7.19}$$

式中　$u \in (0,1)$——调整因子；

　　　　v_0——初始时刻设定起始速度值。

算法具体步骤如图 7.3 所示。

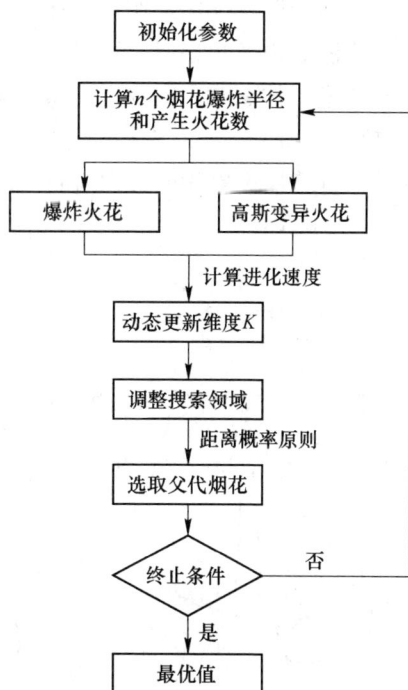

图 7.3　算法步骤

7.8　实验仿真与结果分析

7.8.1　实验环境

为检验变邻域搜索动态烟花算法的性能，选取粒子群优化算法和遗传算法，在 MATLAB 平台分别进行仿真对比实验。基本参数设置：

（1）变邻域搜索动态烟花算法：高斯火花个数 = 5，火花总数 = 25，参数

$A = 0.8$，参数 $B = 0.04$，最大爆炸幅度 $= 25$；

（2）粒子群优化算法：粒子个体跟踪自己历史最优值的权重 $= 2$，粒子个体跟踪群体最优值的权重 $= 2$，惯性权重 $= 0.8$；

（3）遗传算法：个体编码长度 $= 30$，变异率 $= 0.05$。

7.8.2　实验结果

三种算法在运算步骤上各不相同，粒子群优化算法通过更新粒子的历史最好位置和速度；遗传算法进行选择、交叉和变异；变邻域动态烟花算法通过改变邻域、执行爆炸、变异和动态更新维度等优化操作。但在算法结构上都经过初始化种群，计算个体适应度值，算法结构极其相似。所以，将三种运算步骤有差异但算法结构极其相似的三种算法进行仿真对比实验，使得实验结构更有说服力。

7.8.2.1　算法有效性验证

将种群规模都为 100 的三种算法设置相同数据进行 200 次迭代，实验结果如图 7.4 所示。

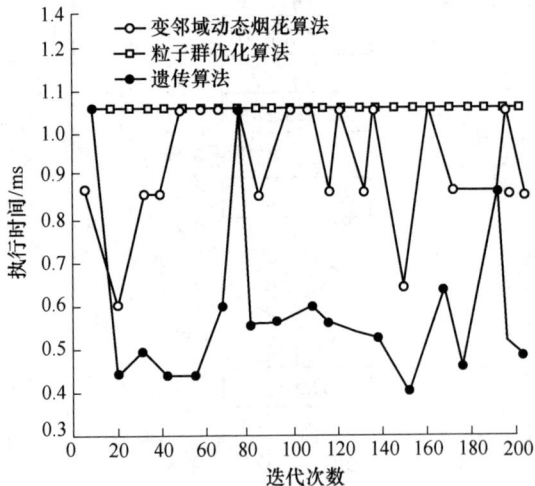

图 7.4　三种算法求得的最优适应度值

由图 7.4 可知，在算法求解过程中，变邻域动态烟花算法每次迭代产生多个子代烟花，而粒子群算法和遗传算法一般只产生一个子代个体，而变邻域动态烟花算法更好地保证了子代种群的多样性，并且远远优于其他两种算法。此外，由实验数据可得出，变邻域动态烟花算法求得最优适应度值次数达到实验总次数的 95%，同时也证明在相同的环境下，变邻域动态烟花算法的变邻域、执行爆炸、变异和动态更新维度等机制搜索更彻底，寻优能力更强。

7.8.2.2 算法执行效率验证

种群规模为 50、100、150、200、250、300、350、400、450、550，三种算法分别进行 200 次迭代。图 7.5 所示三种算法在相同条件下执行时间的对比情况。

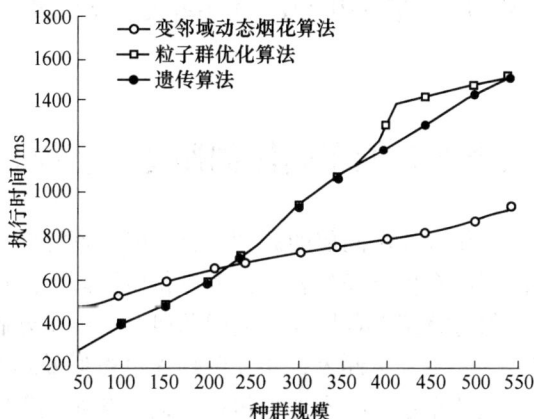

图 7.5 种群规模对三种算法执行时间的影响

实验可知，随着种群规模的增大，粒子群算法和遗传算法的执行时间明显增加，而本书算法受种群规模影响并不明显，表现出良好的优越性。变邻域动态烟花算法通过选择机制、爆炸半径和产生火花数、变异的变邻域搜索体系保证种群的多样性。也保证超出可行域范围的烟花映射到邻域搜索范围内，体现了算法强大的局部搜索能力。

所以，种群的增大对变邻域动态烟花算法执行时间影响不大，稳定性良好，适用于大规模种群的调度作业。

8 面向云制造的跨企业智能车间协同制造调度

8.1 跨企业智能车间协同制造调度模型描述

云制造模式下，不仅存在车间层的调度，企业间的资源共享与协作也越来越频繁，不仅针对车间层次自生产任务和云任务进行协同调度。也要考虑企业层和车间层的调度问题，故进行跨企业协同调度问题研究。由于云制造模式下跨企业协同调度关系极其复杂、不确定性大，相互依赖性也极强，此外也存在制造任务难度大、工艺复杂、制造企业包括本地也包括异地、存在距离问题等。因此，建立跨企业制造单元，完成跨企业调度任务，以企业资源闲置率最小、总制造成本最低、客户满意度最高为目标构造企业间车间调度模型及企业间调度模型。

步骤1：企业内车间云调度问题涉及 n 个工件和 m 台机器。机器集合为：$A = \{M_1, M_2, \cdots, M_m\}$，工件集合为：$J = \{J_1, J_2, \cdots, J_n\}$。任一工件 J_i，$J_i \in J$，需要 n_i 个加工工序，工序集合为：$O_{i,j}, O_{i,2}, \cdots, O_{i,n}$。保证工件 J_i 所有工序依照加工顺序逐个加工完成。随机工序 O_{ij} 对应一个可用的机器集合 A_{ij}，即工件 J_i 的第 j 个工序 O_{ij} 可在集合 A_{ij} 中的任一个机器上加工。

步骤2：企业间云调度。调度中涉及 p 个车间 q 个企业。车间组合为：$B = \{B_1, B_2, \cdots, B_m\}$，车间集合为：$C = \{C_1, C_2, \cdots, C_m\}$，任一车间 B_i，可能来自相同企业也可能自不同企业。其中 $B_i C_i$ 表示车间 B_i 来自车间 C_i。在满足约束的条件下，任意车间可来自任意企业。云任务调度以成本及机器利用率最大化为目标，选取最优的企业间云调度方案。

步骤3：确定最终调度方案。如果调度方案符合供需企业调度要求，则此方案为最终调度方案；反之，需要重排车间层面与企业间调度，进行协同重调度，进行再次调度。

8.2 目 标 函 数

制造模式下跨企业协同调度问题中，为体现供需企业的不同需求，取资源闲置率最小、总制造成本最低、客户满意度最高作为目标函数，但是在供需企业中各个目标函数取得权重不一致，其权重取决于各企业在云平台提供信息时实时提供的订单需求情况。

8.2.1 资源闲置率最小

资源闲置率最小，即极小程度地减少闲置的制造资源，以获得最大化的经济效果。但当总任务无须划分为子任务，且及时让客户得到服务的情况下，则需要让相应的资源处于适时的等待状态，以满足客户需求且提升资源闲置率，避免客户出现不满意情况。但是，绝大部分制造型企业中每个任务都是由无数多个子任务构成，且每个子任务的完成时间并不能直接影响客户满意度，但是无数多个子任务的集合将直接影响客户满意度。同时，基于对企业经济层面的考虑资源闲置率太高会影响到云制造平台经济层面的可持续性。因此总结出资源闲置率表达式为：

$$RUE = \frac{\sum_{i=1}^{M}\sum_{i=1}^{L_i} FT_{max} - \sum_{i=1}^{M}\sum_{j=1}^{N}\sum_{l=1}^{L_i}\sum_{k=1}^{K_j} b_{j,k}^{i,l} t_{j,k}^{i,j}}{\sum_{i=1}^{M}\sum_{i=1}^{L_i} T_{max}} \tag{8.1}$$

$$FT_{max} = \max\{FT_i\} \tag{8.2}$$

式中　i——任务指数，$i = 1,2,\cdots,M$；

　　　j——企业指数，$j = 1,2,\cdots,N$；

　　　k——任务 j 的服务指数，$k = 1,2,\cdots,K_j$；

　　　l——企业的 i 服务指数，$l = 1,2,\cdots,L_i$；

　　FT_i——第 i 个任务的完成时间；

　　$b_{j,k}^{i,l}$——决策变量；

　　$t_{j,k}^{i,l}$——服务 $S_{i,l}$ 完成任务 $ST_{j,k}$ 需要的时间。

8.2.2 总制造成本最低

总制造成本 W 即为实际制造成本 Q 的标准化。同时，实际制造成本由生产成本、物流成本和环境成本三部分组合而成。其中，碳排放将转化为环境成本考虑进去。因此，总制造成本 W 能不仅能反映云制造调度过程中经济层面的可持续性，也反映了环境层面的可持续性，表达式如下：

$$W = \frac{Q - Q_{min}}{Q_{max} - Q_{min}} \tag{8.3}$$

$$Q = \sum_{y=1}^{N} (AQ_y + BQ_y + CQ_y) \tag{8.4}$$

$$AQ_y = \sum_{k=1}^{K_y}\sum_{x=1}^{M}\sum_{l=1}^{F_x} e_{y,k}^{x,l} h_{y,k}^{x,l} \tag{8.5}$$

$$BQ_y = \sum_{k=1}^{K_y-1} a_y^{k,k+1} \left[\sum_{x=1}^{M}\sum_{x=1}^{F_x} e_{y,k}^{x,l} \left(\sum_{x=1}^{M}\sum_{x'=1}^{F_{x'}} e_{y,k+1}^{x,l} rd_{x,x'} \right) \right] \tag{8.6}$$

$$CQ_y = \sum_{k=1}^{K_y} \sum_{x=1}^{M} \sum_{l=1}^{F_x} e_{y,k}^{x,l} zh_{y,k}^{x,l} \tag{8.7}$$

式中　Q——实际的制造成本；

　　　Q_{min}——可选择的最小成本；

　　　Q_{max}——可选择的最大成本；

　　　AQ_y——任务 T 的生产成本；

　　　BQ_y——任务 T 的物流成本；

　　　CQ_y——任务 T 的环境成本；

　　　$e_{y,k}^{x,l}$——决策变量；

　　　$h_{y,k}^{x,l}$——任务成本；

　　　$zh_{y,k}^{x,l}$——服务 $S_{x,l}$ 执行任务 $ST_{y,k}$ 的环境成本。

其中，物流成本 $BT_y = \gamma \cdot d_{x,x'}$ （γ 为单位距离物流费用；$d_{x,x'}$ 为两个子任务间的企业距离）。

8.2.3　客户满意度最高

不同客户对产品的期望不同，造成产品调度情况不同。在产品均为高质量产品的情况下，客户满意度总要取决于任务完成时间和费用。质量用 EU_o 表示客户 $o(o=1,2,\cdots,N)$ 对任务 U_o 的期望完成时间，则客户 o 对任务完成时间的满意度用 $V_t^j(O_j)$ 表示，则客户满意度函数可表示为：

$$V_o^t(U_{jo}) = \begin{cases} (EU_o - U_o)^{\alpha_o^t}, & U_o \leqslant EU_o \\ -\lambda_o^t(U_o - EU_o)^{\beta_o^t}, & U_o \leqslant EU_o \end{cases} \tag{8.8}$$

α_o^t、β_o^t、λ_o^t 均为参数。$V_o^t(U_{jo})$ 有两种情况：当 $V_o^t(U_{jo}) > 0$ 时，客户期望时间大于任务完成时间，客户满意；当 $V_o^t(U_{jo}) < 0$ 时，客户期望时间小于任务完成时间，或者存在多个客户需求而无法达到可以预期时间，导致客户不满意。若最后期限为 DL_o，定义客户 o 对任务 U_o 完成时间的不满意度函数为 $s_o^t(U_o)$，满足 $U_o < DL_o$，当 $U_o \leqslant EL_o$ 时，客户对任务完成时间满意，其满意度函数为：$\mu_o^t(U_o) = 0$；当 $U_o < DL_o$ 时，存在两种情况：

（1）任务 U_o 的完成时间大于客户的期望完成时间 $\mu_o^t(U_o) = 1$；

（2）当 $EU_o \leqslant U_o \leqslant DT_o$ 时，根据式(8.8)，考虑结果标准化，得出客户不满意度函数为：$\mu_o^t(U_o) = \dfrac{-V_o^t(U_o)}{-V_o^t(DL_o)} = \dfrac{(U_o - EU_o)^{\beta_o^t}}{(DL_o - EU_o)^{\beta_o^t}}$。因此，客户不满意函数可表示为：

$$\mu_o^c(C_o) = \begin{cases} 1 & (U_o \geqslant DL_o) \\ \dfrac{(C_o - EC_o)^{\beta_o^t}}{(HC_o - EC_o)^{\beta_o^t}} & (EU_o < U_o < DL_o) \\ 0 & (U_o \leqslant EU_o) \end{cases} \tag{8.9}$$

同理，在考虑成本时，将客户 o 对任务 U_o 的完成成本的不满意度函数可以表示为：

$$\mu_o^c(C_o) = \begin{cases} 1 & (C_o \geqslant HC_o) \\ \dfrac{(C_o - EC_o)^{\beta_o^t}}{(HC_o - EC_o)^{\beta_o^t}} & (EC_o < C_o < HL_o) \\ 0 & (C_o \leqslant EC_o) \end{cases} \tag{8.10}$$

式中　HC_o——客户能接受的最高成本；

　　　EC_o——客户 o 对任务 U_o 的期望成本；

　　　β_o^t——客户成本满意度变化的参数。

综上，在产品均为高质量产品的情况下，客户不满意可能出现多种情况，在客户对时间和成本都不满意或者分别不满意时，取客户不满意度值大的作为最终不满意度值，因此在两者都不满意的情况下，取两者中较大的值作为客户 o 的不满意度计算公式为：

$$\mu_0 = \max\{\mu_0^t(T_o), \mu_0^c(C_o)\} \tag{8.11}$$

8.3　约 束 模 型

（1）工序约束：按已确定调度系统中工艺顺序加工，且下一道工序须在迁移到工序加工结束后再进行加工，即：

$$s_{ij} + x_{ijk} \times t_{ijk} \leqslant e_{ij}$$
$$(i = 1, 2, \cdots, n; \quad k = 1, 2, \cdots, m; \quad 1 \leqslant j \leqslant h_{ij}) \tag{8.12}$$
$$e_{ij} \leqslant A_{\max}$$
$$(i = 1, 2, \cdots, n; \quad 1 \leqslant j \leqslant h_{ij}) \tag{8.13}$$

（2）完工时间：每个工件的完工时间都小于全部工件的完工时间，即：

$$e_{ij} + e_{ijk} \leqslant s_{ij} + R(1 - y_{ijkefk})$$
$$(i = 1, 2, \cdots, n; \quad k = 1, 2, \cdots, m; \quad 1 \leqslant j \leqslant h_{ij}) \tag{8.14}$$
$$e_{ij} \leqslant s_{i(j+1)} + R(1 - y_{efi(j+1)k})$$
$$(i = 1, 2, \cdots, n; \quad k = 1, 2, \cdots, m) \tag{8.15}$$

式中　s_{ij}——工件 i 的第 j 道工序的起始时间；

　　　t_{ijk}——工件 i 的第 j 道工序在机器 k 上加工时间；

　　　e_{ij}——工件 i 第 j 工序的完工时间；

　　　$A_{\max}$——最大完工时间。

（3）时间约束：云制造任务完成的时间 t 要小于等于需求方所需求的最大交货期时间 $t_{\max}$，即：

$$t \leqslant t_{\max}, \quad i = 1, 2, \cdots, n \tag{8.16}$$

（4）成本约束：产品完成时所需的成本 W 需小于等于需求方所需最大成本 W_{max}，即：

$$W \leqslant W_{max}, \quad i = 1, 2, \cdots, n \tag{8.17}$$

（5）产品质量约束：服务质量 U 高于客户期望的最低服务质量要求 U_{min}，即：

$$U(i) \geqslant U_{min}, \quad i = 1, 2, \cdots, n \tag{8.18}$$

8.4 模 型 求 解

8.4.1 天牛须搜索算法

天牛须搜索算法由模拟天牛觅食行为演变而来，将天牛看作一个个体。基本 BAS 算法中，设 D 为解空间，天牛个体位置为：$X = (x_1, x_2, \cdots, x_D)$。其中，在基本 BAS 算法中，有且只有一个天牛个体，此时天牛个体两只触须的位置可以定位为：

$$\begin{cases} X_a = X + l\boldsymbol{d} \\ X_l = X - l\boldsymbol{d} \end{cases} \tag{8.19}$$

式中　X_a——左触须位置；

　　　X_l——右触须位置；

　　　l——天牛质心与触须间距离；

　　　$\boldsymbol{d}$——天牛头部的随机朝向向量。

在算法计算过程中，取天牛个体右触须的朝向，为天牛个体的朝向。在搜索过程中，通过适应度值计算，使得天牛个体不断向 X_a 和 X_l 附近位置进行规制的移动。因此，天牛个体由当前位置 X^t 移动到下一个位置 X^{t+1} 可表示为：

$$X^{t+1} = X^{t+1} + \theta^t \boldsymbol{d} \operatorname{sign}(f(X_a) - f(X_l)) \tag{8.20}$$

式中　t——BAS 算法迭代次数；

　　　θ^t——算法搜索步长；

　　$f(X)$——位置适应度值；

$\operatorname{sign}(\cdot)$——向量符号函数，决定天牛个体移动方向。

因为，取天牛个体右触须朝向为天牛个体朝向，所以，当 $f(X_a) > f(X_l)$ 时，$\operatorname{sign}(\cdot) = 1$，表示天牛个体在 $\boldsymbol{d}$ 正方向上以 θ 步长移动；相反，当 $f(X_l) > f(X_a)$ 时，$\operatorname{sign}(\cdot) = -1$，表示表天牛个体在 $\boldsymbol{d}$ 反方向上以 θ 步长移动。在算法搜索过程中，为了得到更好的优化效果，使天牛个体以步长 θ 与 $\boldsymbol{d}$ 斜率 0.95 进行搜索，以保证自适应线性在递增过程变化最佳。天牛须算法就经过多次迭代搜索，根据适应度值更新个体位置进行，直到寻找到最优值。

8.4.2　基于学习与竞技策略的混沌天牛须搜索算法（LCCBSA）

（1）初始种群混沌化。由于 LCCBSA 算法为群体智能搜索算法，研究表明，此类算法在求解过程中，初始种群的分布情况对整个算法的收敛性影响很大。当初始种群分布越均匀、存在的有效信息越多，对算法更快收敛到最优解越有帮助；反之，智能算法的性能会受到严重影响。故引入混沌初始种群，随机性、均匀性、规律性等作为混沌序列的特点，使初始种群看似混乱，却存在智能算法搜索过程中所需的内在结构。意味着很大程度上提高了 LCCBSA 算法搜索的效率，大大降低了搜索时间。目前，Logistic 映射被大范围应用于混沌序列，但 Logistic 映射存在混沌初值敏感、混沌序列均匀性差等较大缺点。故本文选取 Tent 映射，Tent 映射产生的混沌序列在 [0，1] 上分布更加均匀，更符合 LCCBSA 算法对混沌初始种群的需求。因此，本文采用 Tent 映射来产生初始混沌天牛群体：

$$\begin{cases} y_i^{n+1} = \mu y_i^n & \left(0 \leqslant y_i^n \leqslant \dfrac{1}{2}\right) \\ y_i^{n+1} = \mu(1 - y_i^n) & \left(\dfrac{1}{2} < y_i^n \leqslant 1\right) \end{cases} \tag{8.21}$$

式中　μ——控制混沌形态参数，为取得较好的混沌状态一般取 $\mu = 2$；

　　　i——混沌变量序号，$i = 1, 2, \cdots, D$；

　　　n——种群序号，$n = 1, 2, \cdots, N$。

为寻找混沌变量，在式（8.21）中赋 D 个在 [0，1] 内的初值，可得到 D 个混沌变量 $y_1^1, y_2^1, \cdots, y_D^1$。依次迭代，即得到 N 个均匀分布在解空间中的天牛个体初始群体，也保证了初始群体的丰富性，同时也加快了算法的收敛速度。

（2）指导性学习。在算法搜索过程中，由于种群个体间缺少信息传递和信息反馈，导致算法可能会出现多次重复迭代，将直接影响算法的收敛速度，因此为有效地解决收敛速度慢问题，将 BAS 算法在粒子群算法模型框架的基础上，引入具有指导性的学习策略。使得天牛群体个体间通过触须感知当前位置的基础上，也加入学习记忆性，这样天牛个体会有之前群体经验，可以避免没有意义的迭代，而指导个体直接向最优个体方向移动，在减少迭代次数的同时也明显提高了算法多维空间的搜索速度。因此，天牛个体触须本身感知移动方向的基础上也对群体学习经验，双重效果指引着天牛个体向最优解方向移动。其中，自身感知方向部分称为认知，指导性学习部分称为社会经验。其中，天牛个体朝向可表示为：

$$\begin{cases} \boldsymbol{d} = \dfrac{\text{rand}(1, D)}{\| \text{rand}(1, D) \|} \\ X_{ri}^t = X_i^t - l\boldsymbol{d} \\ X_{li}^t = X_i^t + l\boldsymbol{d} \end{cases} \tag{8.22}$$

式中　　X_{ri}^t——左触须位置;

　　　　X_{li}^t——右触须位置;

　　　　X_i^t——当前位置。

所以,天牛个体位置更新可定义为:

$$X^{t+1} = X^{t+1} + c^t \mathrm{sign}\left[f(X_{li}^t) - f(X_{ri}^t)\right]d + s^t r(X_{gBest}^t - X_i^t) \tag{8.23}$$

式中　　　　　　　c^t——认知因子;

$\mathrm{sign}\left[f(X_{li}^t) - f(X_{ri}^t)\right]d$——认知方向;

　　　　$s^t \in (1,2)$——学习因子(如 $s^t \notin (1,2)$,算法容易陷入局部最优);

　　　　$r \in (0,1)$——均匀分布的随机数;

　　　　X_{gBest}^t——当前最佳个体。

此外,认知因子和学习因子直接影响算法收敛速度搜索结果,认知因子越小,搜索过程陷入局部最优;反之,在避免局部最优的同时,收敛速度会明显增加。所以,LCCBSA 算法中认知因子做出以下调整:

$$c = \begin{cases} C_{\max} - \dfrac{(C_{\max} - C_{\min})(f - f_{\min}^t)}{f_{\max}^t - f_{avg}^t}, & f \geq f_{avg}^t \\ C_{\max}, & f < f_{avg} \end{cases} \tag{8.24}$$

式中　　f——当前个体适应度值;

　　　　$f_{\min}$——当前群体最小适应度值;

　　　　$f_{\max}$——当前群体最大适应度值;

　　　　f_{avg}——当前平均适应度值。

式(8.24)中,当 $f < f_{avg}$ 时,取认知因子较大的天牛个体,以增加全局搜索性能;反之,取认知因子较小的天牛个体,在加快收敛速度的同时,使得天牛个体在极点值周围精细搜索,直至得到最优值。

(3)竞技场竞争机制。同其他智能算法一样,LCCBSA 在搜索末端容易陷入局部寻优,导致无法找到全局最优解的情况。总结前人研究经验,提出一种基于聚集度的竞技场竞争机制,通过一种竞技方法用来优化大规模寻优问题。其中聚集度定义:

$$D(X_i^t) = \frac{1}{N} \sum_{j=1}^{N} S(X_i^t, X_j^t) \tag{8.25}$$

式中,S 为两只天牛个体的相似度:

$$\begin{cases} S(X_i^t, X_j^t) = 1, \|S(X_{ik}^t - X_{jk}^t)\| < \delta \\ S(X_i^t, X_j^t) = 0, \|S(X_{ik}^t - X_{jk}^t)\| \geq \delta \end{cases} \tag{8.26}$$

式中　　　　　　N——种群天牛个体数;

　　　　X_i^t——某 t 代天牛个体;

　　　　δ——聚集度阈值;

$\|S(X_{ik}^t - X_{jk}^t)\|$——第 t 次迭代天牛个体的欧几里得范数。

$\|S(X_{ik}^t - X_{jk}^t)\| < \delta$ 时两个天牛个体间之间具有相似性，相似度 S 增加 1；$\|S(X_{ik}^t - X_{jk}^t)\| \geqslant \delta$ 时，两个天牛个体并无相似性。个体聚集度是本身天牛个体与种群中其他个体间相似度累加而成的，因此聚集度高的个体在种群相似数量多，种群性能单一，搜索过程中容易陷入局部寻优。

为了避免因个体聚集度高而导致的局部寻优问题，选取种群中聚集度高的个体，根据适应度值，进行优劣判断，此过程可视为个体竞争过程。竞争后也将淘汰 n 个适应度较小的个体，其余适应度较大的个体则重新回到种群中。采用个体相似性，利用个体偏好。用 X_i 表示淘汰个体，位置更新的函数为：

$$X_i^{t+1} = X_i^t + r(X_{j1}^t - X_{j2}^t) \tag{8.27}$$

式中 r——取（0，1）上的随机数；

X_{j1}^t，X_{j2}^t——任取种群中两个不同个体。

这种双随机解的偏好随机方式，比传统的随机生成方法，更能够充分体现当前解空间中的有效信息，避免盲目的随机选取，也有效地防止陷入局部寻优。

综上，LCCBSA 算法具体步骤如图 8.1 所示。

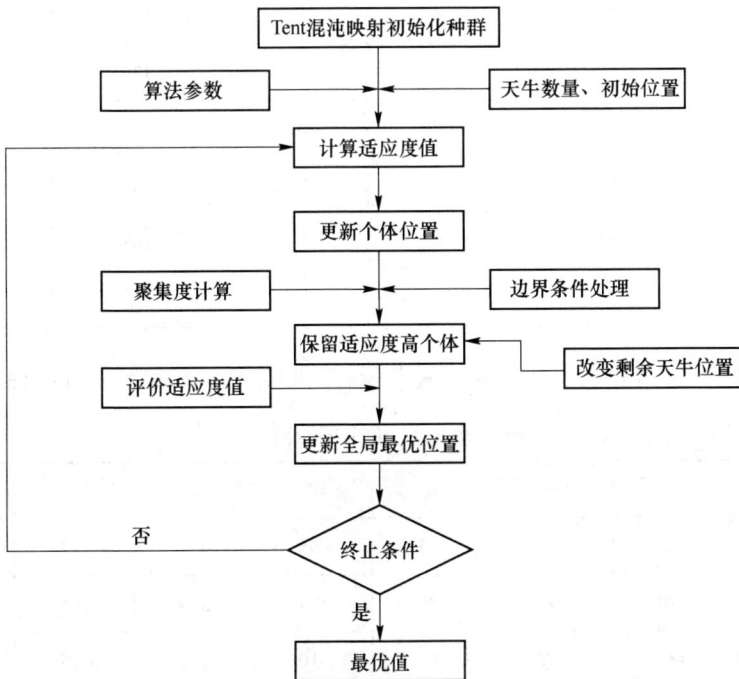

图 8.1 LCCBSA 算法步骤

8.5   模 拟 实 验

为验证云制造模式下建立的跨企业调度模型和 LCCBSA 算法的有效性，设计 MATLAB 模拟实验。其中，包含 10 家云制造类型企业，共提供 3 种类型的服务，如表 8.1 所示。

表 8.1   服务信息

项目	企业数量/个	服务数量/个	单位服务成本/万元	企业效率系数
P1	4	40k	20.5	1.49
P2	2	80k	40	1.13
P3	4	30k	38	1.25

实验中包含 5 个任务，每个任务包含 6 个子任务，具体任务时间信息如表 8.2 所示。其中，$t_{a,1}$ 代表 a 企业完成子任务 1 所需时间为 1371s。

表 8.2   任务时间

任务	子任务	$t_{a,j}/s$	$t_{b,j}/s$	$t_{c,j}/s$	$t_{d,j}/s$
	1	1371	1156	1762	1023
	2	1490	1027	1687	1109
T1	3	1207	1299	1560	1105
	4	1506	1317	1674	1309
	⋮	⋮	⋮	⋮	⋮

企业之间距离如表 8.3 所示（假设所有的服务之间都存在物流过程）。

表 8.3   企业间距离   （km）

项目	a	b	c	d	e	f	…
a	0	378	435	498	490	227	…
b	378	0	339	185	360	255	…
c	435	339	0	410	118	375	…
d	498	185	410	0	265	418	…

续表 8.3

项目	a	b	c	d	e	f	⋯
e	490	360	118	265	0	333	⋯
f	227	255	375	418	333	0	⋯
⋮	⋮	⋮	⋮	⋮	⋮	⋮	⋮	0

实验 1：将最小化资源闲置率和成本作为优化目标，见式（8.1）~式（8.7），基于学习与竞技策略的混沌天牛群搜索算法分别将其作为优化指标进行求解。

实验 2：将客户满意度最高作为优化目标，其中基于式（8.8）~式（8.11），客户的期望参数值如表 8.4 所示。

表 8.4　客户期望参数值

客户	ET_i	DL_i	EC_i	HC_i	β_i^t	β_i^c	χ_i
客户 1	140	400	4900	5390	2.4	3.0	0.12
客户 2	170	370	5310	6000	3.0	2.3	0.29
客户 3	150	396	5170	6050	1.5	1.7	0.13
客户 4	200	378	4700	5690	2.1	2.2	0.24

带学习与竞技策略的混沌天牛群搜索算法基本参数设置为：种群或群体数量 N：40；最大评估次数：50；LCCBSA 算法中 $C_{max} = 2.5$，$C_{min} = 1.5$，$s = 1.5$，$l = 2.0$，$m = N/3$，$n = m/2$。实验 1 中，以最小化时间和成本为优化目标，LCCBSA 算法搜索过程中种群平均值和最优值明显降低，如图 8.2 所示。且对比烟花算法收敛速度更快，如图 8.3 所示，因此在此调度模型选取基于学习与竞技策略的混沌天牛群搜索算法进行求解。

时间和成本优化程度如图 8.4 和图 8.5 所示，可见，会出现客户不满意的情况，即期望时间和期望成本会高于实际成本。因此，仍然以时间和成本作为优化目标，反复进行 500 次，并以实验 2 客户不满意度为参考，结果如图 8.6 所示。

实验 2 中，以客户满意度最高为优化目标进行实验，LCCBSA 算法的搜索过程如图 8.7 所示，其中种群平均值和最值也取得了明显的降低。对时间和成本优化情况如图 8.8 和图 8.9 所示，可见，优化的成本和时间都与客户期望值比较接近。同样，反复进行 500 次，结果如图 8.10 所示。相比实验 1，客户不满意度值很大程度降低了。

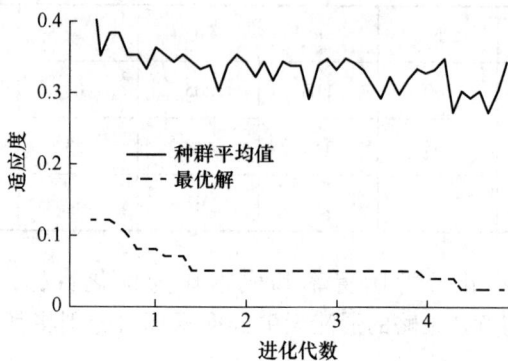

图 8.2   LCCBSA 算法搜索过程（实验 1）

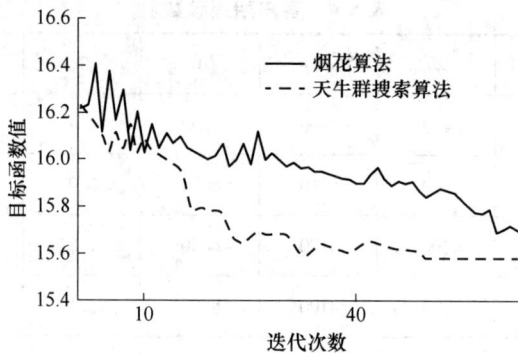

图 8.3   目标函数变化曲线图（实验 1）

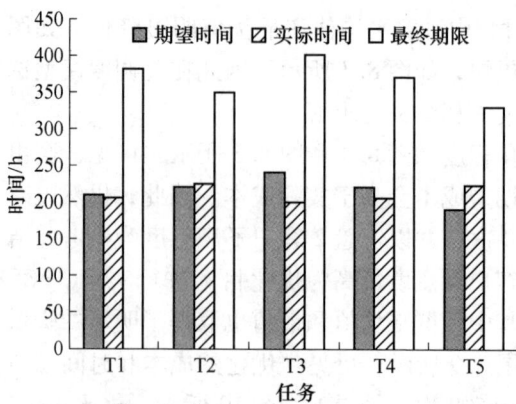

图 8.4   优化时间效果图（实验 1）

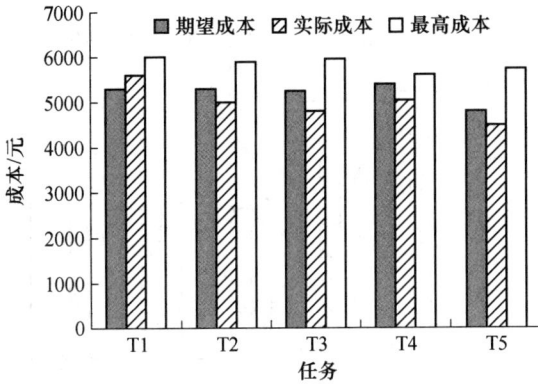

图 8.5　优化总成本效果图（实验 1）

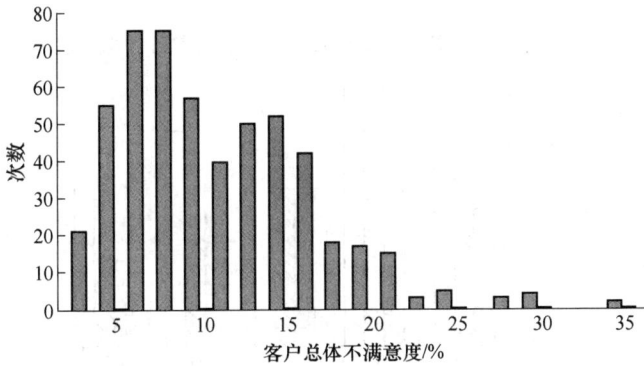

图 8.6　不满意度结果图（实验 1）

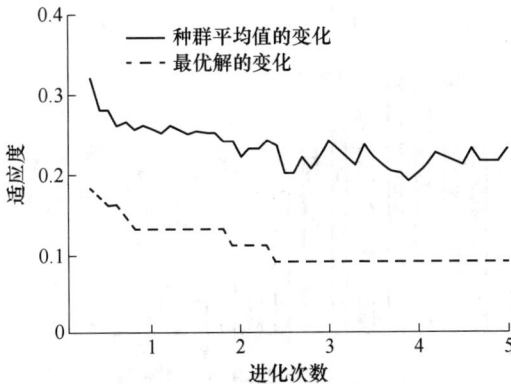

图 8.7　LCCBSA 算法搜索过程（实验 2）

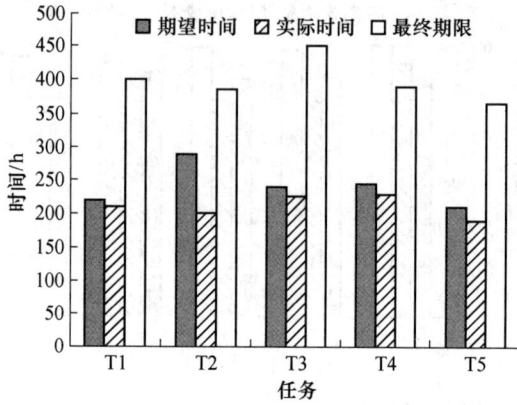

图 8.8   优化时间效果图（实验 2）

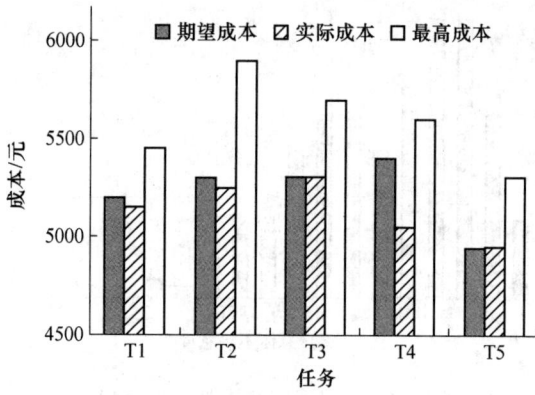

图 8.9   优化总成本效果图（实验 2）

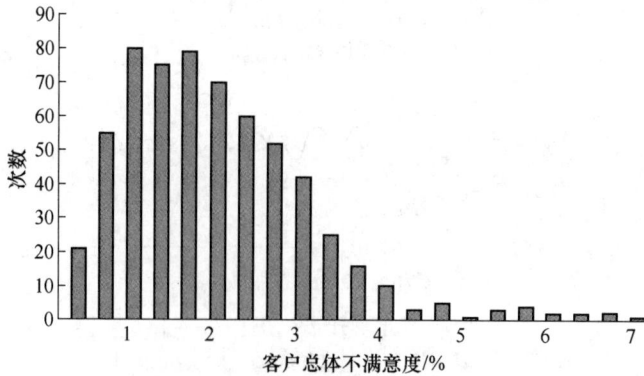

图 8.10   不满意度结果图（实验 2）

实验1和实验2对比得出，以时间和总成本为目标，虽然优化了调度方案，但存在客户不满意较高，在实验2中，考虑客户的心理期望，将客户满意度最高并行考虑，明显降低了客户不满意度，找到最优调度方案。也验证调度模型和算法的有效性。

8.6　实例验证

某云制造型汽车制造类企业，围绕生产制造各环节和各个要素形成多种云端形态。现将本书面向云制造的跨企业柔性车间协同制造调度模型求解算法，应用于该企业云计算平台中云制造模块跨企业柔性车间云资源计划系统。为满足大量企业跨企业计划时计算需求，云制造模块跨企业柔性车间云资源计划系统采用集群部署方式，通过单位时间内优先顺序形成队列管理计算请求。如图8.11所示，计算服务器采用 POEM3.0 优化计算平台、模型及算法通过自然约束语言（Natural Constraint Language，NCL）实现。

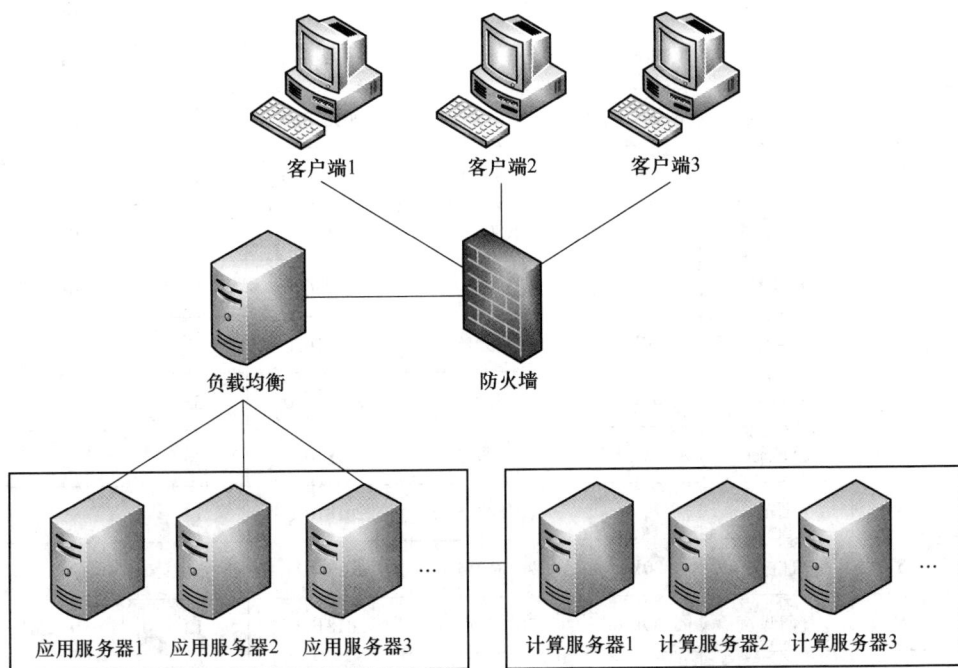

图 8.11　计算服务器部署图

基于跨企业柔性车间云资源调度，供应链上下游供需企业进行跨企业协同生产时，此时，上游提供服务供应企业在云平台提供供应专业能力（如：轮胎、轮毂、汽车内饰等专业单元）和对应的工时能力；下游能力需求企业根据需求，维护相关信息和相关工艺路线，再通过 LCCBSA 对云平台调度模型进行求解，并进行跨企业协同生产计划制定。本书选取跨企业柔性车间云资源计划系统中一家从事发动机制造的注册企业。其中，本企业将与 10 家供应企业协同生产 18 种类产品。其中，订单信息如表 8.5 所示。本企业（C_0 表示）主要负责装配、检验等工序，其余供应企业均是零部件供应企业，其中供应信息汇总表如表 8.6 所示。

表 8.5　需求信息汇总表

编号	产品	数量	最早开工时间	交货时间	工序	优先级
1	气缸体	15k	20180910	20181015	48	10
2	轴瓦	20k	20180910	20181015	25	10
3	连杆总成	20k	20180910	20181015	19	10
4	节气门体	35k	20180910	20181015	30	10
5	气缸体	10k	20180910	20181015	48	10
6	油封	50k	20180910	20181020	37	10
7	曲轮轴	25k	20180910	20181020	26	10
8	活塞	40k	20180910	20181020	15	10
9	连杆总成	10k	20180910	20181020	19	10
10	曲轮轴	30k	20180910	20181020	26	10
11	螺栓	20k	20180915	20181020	8	10
12	气门	55k	20180915	20181020	33	9
13	凸轮轴	25k	20180915	20181023	30	9
14	飞轮	10k	20180915	20181023	17	9
15	气缸盖	30k	20180915	20181024	31	9
16	气门弹簧	60k	20180915	20181024	12	9
17	齿轮	35k	20180915	20181024	23	9
18	气缸盖	15k	20180915	20181024	31	9
19	化油器	20k	20180915	20181024	16	9

续表 8.5

编号	产品	数量	最早开工时间	交货时间	工序	优先级
20	消音器	15k	20180915	20181024	18	9
21	散热器	55k	20180915	20181025	21	9
22	齿轮	20k	20180915	20181025	23	8
23	机油泵	15k	20180915	20181025	47	8
24	气缸体	20k	20180915	20181025	48	8
25	凸轮轴	30k	20180915	20181025	30	8
⋮	⋮	⋮	⋮	⋮	⋮	⋮
100	气缸盖	20k	20180915	20181025	31	1

表 8.6　供应信息汇总表

编号	企业	专业单元	资源类型
1	C_0	曲柄连杆机构	普通装配
2	C_0	配气机构	装配及检测
3	C_0	燃料供给系统	装配
4	C_0	冷却装配系统	装配
5	C_0	冷却测试系统	检测
6	C_0	润滑系统	装配
7	C_0	点火系统	装配
8	C_0	系统检测系统	检测
9	C_1	化油器式汽油燃料供给系统	汽油燃料系统装配
10	C_1	直接喷射式汽油燃料供给系统	汽油燃料系统装配
11	C_1	柴油燃料供给系统	柴油燃料系统装配
12	C_1	汽油点火系统	点火系统装配
⋮	⋮	⋮	⋮
85	C_9	外边面处理单元	面品处理

8.7　结　果　分　析

通过实验结果对本书调度算法进行评价，算法优先保证资源闲置率最小、总制造成本最低、客户满意度最高，其次对于企业和客户同时考虑，要保证拖期量最小，即保证产品加工过程中按期保量完成时的拖期为最小值的情况。此外，考虑企业经济效益，满足调度模型最优，尽可能寻找成本低、距离短、质量优的企业进行调度模型构建，在保证交货期，减少资源闲置率的同时也满足企业优化目标。针对表 8.5、表 8.6 提供的信息，用基于学习与竞技策略的混沌天牛群搜索算法求解，并制定满足资源闲置率最小、总制造成本最低、客户满意度最高的企业间协调生产计划，如表 8.7 所示。

表 8.7　跨企业柔性车间调度汇总

编号	企业	订单	工　件	任务	数量	开工时间	完工时间
1	C_0	1	曲柄连杆机构	装配	10k	20181111	20181120
2	C_0	1	燃料供给系统	装配	15k	20181116	20181125
3	C_0	1	系统检查	检测	8k	20181109	20181120
⋮	⋮	⋮	⋮	⋮	⋮	⋮	⋮
885	C_4	21	冷却测试系统	检测	15k	20181115	20181119
886	C_4	21	润滑系统	装配	20k	20181120	20181124
⋮	⋮	⋮	⋮	⋮	⋮	⋮	⋮
2011	C_9	30	配气机构	装配及检测	10k	20181118	20181120

该企业为生产性服务业，基于多个目标函数，优先考虑资源闲置率小、总制造成本低、客户满意度高；并赋予实际需求权重。其次从生产角度考虑，满足拖期小、跨度小角度分别进行分析的实际结果，图 8.12 和图 8.13 展示了调度计划结果汇总。

如图 8.12 所示，所有产品均保证了如期交货，所有订单完成时间均早于交货时间。由图 8.13 可知，企业制造资源利用率均为 75% 以上，甚至存在高达 90% 的情况，资源利用率高也就是制造机器等待时间短，代表生产跨度相对较小，企业生产效率高，一定程度上减小了企业制造成本。综上，客户满意度得到很大程度提升，同时验证基于学习与竞争策略的天牛群搜索算法的有效性。

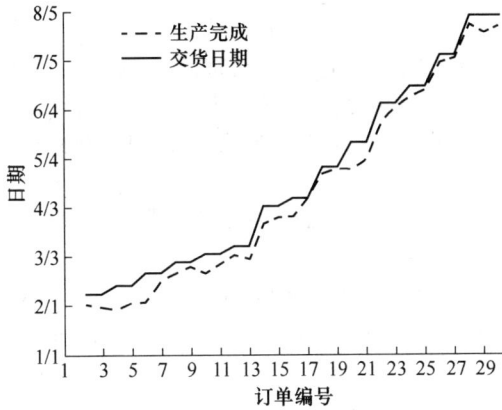

图 8.12 订单计划完成时间

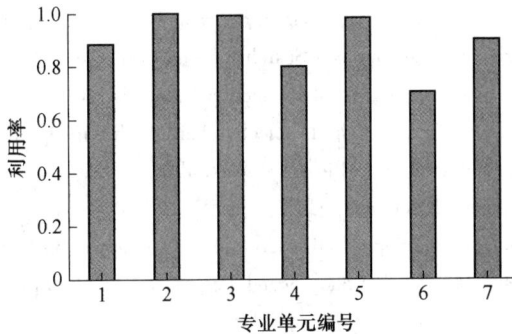

图 8.13 制造资源利用率

实例表明,本书面向云制造柔性车间跨企业协同调度模型及算法,在求解实际多约束、多品种、小批量的调度问题方面具有良好的性能,且可达到制造企业对协同制造的调度需求,具有重要的实际应用价值。

参 考 文 献

［1］周济. 中国智能制造的发展路径［J］. 中国经济报告，2019(2)：36-43.

［2］王宛山，巩亚东，郁培丽. 网络化制造技术［M］. 沈阳：东北大学出版社，2000：25-37.

［3］范玉顺. 网络化制造的内涵与关键技术问题［J］. 计算机集成制造系统 CIMS，2003，19(7)：576-582.

［4］钟志华，臧冀，延建林，等. 智能制造推动我国制造业全面创新升级［J］. 中国工程科学，2020，2(6)：136-142.

［5］Dhiflaoui M, Nouri H E, Driss O B. Dual-Resource Constraints in Classical and Flexible Job Shop Problems：A State-of-the-Art Review［J］. Procedia Computer Science, 2018, 126：1507-1515.

［6］Da Silva C G, Figueira J, Lisboa J, et al. An Interactive Decision Support System for an Aggregate Production Planning Model Based on Multiple Criteria Mixed Integer Linear Programming［J］. Omega, 2006, 34(2)：167-177.

［7］Wirojanagud P, Gel E S, Fowler J W, et al. Modelling Inherent Worker Differences for Workforce Planning［J］. International Journal of Production Research, 2007, 45(3)：525-553.

［8］Lei D, Guo X. Variable Neighbourhood Search for Dual-resource Constrained Flexible Job Shop Scheduling［J］. International Journal of Production Research, 2014, 52(9)：2519-2529.

［9］Zhang J, Wang W, Xu X, et al. A Multi-objective Particle Swarm Optimization for Dual-resource Constrained Shop Scheduling with Resource Flexibility［C］. Symposium on Computational Intelligence for Engineering Solutions (CIES), IEEE, 2013：29-34.

［10］Gao L, Pan Q K. A Shuffled Multi-Swarm Micro-Migrating Birds Optimizer for a Multi-Resource-Constrained Flexible Job Shop Scheduling Problem［J］. Information Sciences, 2016, 372(1)：655-676.

［11］Zhong Q, Yang H, Tang T. Optimization Algorithm Simulation for Dual-Resource Constrained Job-Shop Scheduling［J］. International Journal of Simulation Modelling, 2018, 17(1)：147-158.

［12］Zhang J, Wang W, Xu X. A Hybrid Discrete Particle Swarm Optimization for Dual-resource Constrained Job Shop Scheduling with Resource Flexibility［J］. Journal of Intelligent Manufacturing, 2017, 28(8)：1961-1972.

［13］关叶青，朱颖，谢乃明. 考虑多成本约束的柔性作业车间制造资源动态分配模型［J］. 控制与决策，2018，33(11)：2037-2044.

［14］曹磊，叶春明，黄霞. 基于员工学习行为的多目标柔性车间调度［J］. 计算机集成制造系统，2018，24(8)：2023-2034.

［15］Wu R, Li Y, Guo S, et al. Solving the Dual-Resource Constrained Flexible Job Shop Scheduling Problem with Learning Effect by a Hybrid Genetic Algorithm［J］. Advances in Mechanical Engineering, 2018, 10(10)：1-14.

［16］Wang Y, Cen H J, Yang O. Optimal Configuration for Workshop Manufacturing System under Dual Resource Constraints［J］. International Journal of Simulation Modelling, 2018, 17(1)：

180-189.

[17] Kress D, Müller D, Nossack J. A Worker Constrained Flexible Job Shop Scheduling Problem With Sequence-Dependent Setup Times [J]. OR Spectrum, 2019, 41(1): 179-217.

[18] Beach R, Muhlemann A P, Price D H R, et al. A Review of Manufacturing Flexibility [J]. European Journal of Operational Research, 2000, 122(1): 41-57.

[19] Chryssolouris G, Chan S, Cobb W. Decision Making on the Factory Floor: An Integrated Approach to Process Planning and Scheduling [J]. Robotics & Computer Integrated Manufacturing, 1984, 1(3/4): 315-319.

[20] Chryssolouris G, Chan S. An Integrated Approach to Process Planning and Scheduling [J]. Annals of the CIRP, 1985, 34(1): 413-417.

[21] Zhang L, Wong T N. An Object-Coding Genetic Algorithm for Integrated Process Planning and Scheduling [J]. European Journal of Operational Research, 2015, 244(2): 434-444.

[22] Petrović M, Vuković N, Mitić M, et al. Integration of Process Planning and Scheduling Using Chaotic Particle Swarm Optimization Algorithm [J]. Expert systems with Applications, 2016, 64: 569-588.

[23] Jin L, Zhang C, Shao X, et al. Mathematical Modeling and a Memetic Algorithm for the Integration of Process Planning and Scheduling Considering Uncertain Processing Times [J]. Proceedings of the Institution of Mechanical Engineers, Part B: Journal of Engineering Manufacture, 2016, 230(7): 1272-1283.

[24] 黄学文, 孙娜, 孙榕, 等. 工序顺序柔性描述模型研究 [J]. 计算机集成制造系统, 2016, 22(10): 2275-2283.

[25] Jin L, Tang Q, Zhang C, et al. More MILP Models for Integrated Process Planning and Scheduling [J]. International Journal of Production Research, 2016, 54(14): 4387-4402.

[26] Sobeyko O, Mönch L. Integrated Process Planning and Scheduling for Large-scale Flexible Job Shops Using Metaheuristics [J]. International Journal of Production Research, 2017, 55(2): 392-409.

[27] Luo G, Wen X, Li H, et al. An Effective Multi-Objective Genetic Algorithm Based on Immune Principle and External Archive for Multi-Objective Integrated Process Planning and Scheduling [J]. The International Journal of Advanced Manufacturing Technology, 2017, 91(9-12): 3145-3158.

[28] Liu M, Yi S, Wen P. Quantum-Inspired Hybrid Algorithm for Integrated Process Planning and Scheduling [J]. Proceedings of the Institution of Mechanical Engineers, Part B: Journal of Engineering Manufacture, 2018, 232(6): 1105-1122.

[29] Shokouhi E. Integrated Multi-Objective Process Planning and Flexible Job Shop Scheduling Considering Precedence Constraints [J]. Production & Manufacturing Research, 2018, 6(1): 61-89.

[30] Zhang S, Wong T N. Integrated Process Planning and Scheduling: An Enhanced Ant Colony Optimization Heuristic with Parameter Tuning [J]. Journal of Intelligent Manufacturing, 2018, 29(3): 585-601.

[31] Ba L, Li Y, Yang M, et al. A Mathematical Model for Multiworkshop IPPS Problem in Batch Production [J]. Mathematical Problems in Engineering, 2018: Article ID 7948693.

[32] Li X, Gao L, Wang W, et al. Particle Swarm Optimization Hybridized with Genetic Algorithm for Uncertain Integrated Process Planning and Scheduling with Interval Processing Time [J]. Computers & Industrial Engineering, 2019, 135: 1036-1046.

[33] 黄学文, 马雪丽, 曹德弼. 工序顺序柔性的作业车间调度问题的改进遗传算法求解 [J]. 运筹与管理, 2013, 22(1): 65-70.

[34] Deb K, Jain H. An Evolutionary Many-Objective Optimization Algorithm Using Reference-Point-Based Nondominated Sorting Approach, Part I: Solving Problems with Box Constraints [J]. IEEE Transactions on Evolutionary Computation, 2013, 18(4): 577-601.

[35] Jain H, Deb K. An Evolutionary Many-Objective Optimization Algorithm Using Reference-Point Based Nondominated Sorting Approach, Part II: Handling Constraints and Extending to an Adaptive Approach [J]. IEEE Transactions on Evolutionary Computation, 2013, 18(4): 602-622.

[36] Tang D, Dong S, Jiang Y, et al. ITGO: Invasive tumor growth optimization algorithm [J]. Applied Soft Computing, 2015, 36 (Supplement C): 670-698.

[37] Tang D, Dong S, He I, et al. Intrusive tumor optimization algorithm for data clustering growth [J]. Neural Computing and Applications, 2016, 27(2): 349-374.

[38] 周静, 董守斌, 唐德玉. 基于入侵肿瘤生长优化的云计算调度算法 [J]. 计算机学报, 2018, 41(6): 1140-1155.

[39] Das I, Dennis J E. Normal-Boundary Intersection: A New Method for Generating the Pareto Surface in Nonlinear Multicriteria Optimization Problems [J]. SIAM Journal on Optimization, 1998, 8(3): 631-657.

[40] Civiciaglu P. Backtracking search optimization algorithm for optimization problems [J]. Applied Mathematics and Computation, 2013, 219(15): 8121-8144.

[41] 赵文婷. 回溯搜索算法的研究及改进 [D]. 济南: 山东大学, 2017.

[42] 崔琪, 吴秀丽, 余建军. 变邻域改进遗传算法求解混合流水车间调度问题 [J]. 计算机集成制造系统, 2017, 23(9): 1917-1927.

[43] Ow P S, Morton T E. Filtered beam search in scheduling [J]. The International Journal of Production Research, 1988, 26(1): 35-62.

[44] Mejia G, Niño K. A new Hybrid Filtered Beam Search algorithm for deadlock-free scheduling of flexible manufacturing systems using Petri Nets [J]. Computers & Industrial Engineering, 2017, 108: 165-176.

[45] Valente J M S, Alves R A F S. Filtered and recovering beam search algorithms for the early/tardy scheduling problem with no idle time [J]. Computers & Industrial Engineering, 2005, 48 (2): 363-375.

[46] Kim K H, Kang J S, Ryu K R. A beam search algorithm for the load sequencing of outbound containers in port container terminals [J]. OR Spectrum, 2004, 26(1): 93-116.

[47] Shi J W, Bing H Z, Li F X. A filtered-beam-search-based heuristic algorithm for flexible job-

shop scheduling problem [J]. International Journal of Production Research, 2008, 46(11): 3027-3058.

[48] Shi J W, Li F X, Bing H Z. Filtered-beam-search-based algorithm for dynamic rescheduling in FMS [J]. Robotics and Computer-Integrated Manufacturing, 2007, 23(4): 457-468.

[49] Cherif G, Leclercq E, Lefebvre D. Generation Filtered Beam Search algorithm for the scheduling of hybrid FMS using T-TPN [C]. 2019 18th European Control Conference (ECC), IEEE, 2019: 3225-3230.

[50] Birgin E G, Ferreira J E, Ronconi D P. A filtered beam search method for the m-machine permutation flowshop scheduling problem minimizing the earliness and tardiness penalties and the waiting time of the jobs [J]. Computers & Operations Research, 2020, 114: 22-34.

[51] Mete S, Çil Z A, Ağpak K, et al. A solution approach based on beam search algorithm for disassembly line balancing problem [J]. Journal of Manufacturing Systems, 2016, 41: 188-200.

[52] Sabuncuoğlu İ, Gocgun Y, Erel E. Backtracking and exchange of information: Methods to enhance a beam search algorithm for assembly line scheduling [J]. European Journal of Operational Research, 2008, 186(3): 915-932.